尾藤正英著

日本文化の歴史

岩波新書

668

はじめに

いま、日本の文化が問われている。一つには、私たち日本人の自己認識（アイデンティティの確立）のためであり、もう一つは、国際化の潮流のなかで、日本とは何かを、世界に向けて発信するためである。いずれの目的のためにも、はたして私たちは、日本あるいは日本文化についての、明確な認識をもっているといえるのであろうか。

ここでいう文化とは、さまざまな文化遺産や文化現象そのものを指すのではなく、それらを包括しつつ、歴史的に形成されて来た日本人の生活や思考の様式の全体を、特にそこに現れた民族としての個性ないし特性に注目して考える意味の概念である。文化人類学という場合の文化の意味が、ほぼこれに近いであろう。

いわゆる日本人論や、日本的経営に関する議論の背景には、当然ながらこのような意味での日本の文化に対する関心があった。その成果は、それなりに評価しなければならないが、ただそこに歴史的視点からの考察が、欠けていたとは言わないまでも、不十分であったことは否定できないであろう。ある個人の観察や、あるいは海外や国内での体験に基づく立論は、そこにいかにすぐれた洞察が示されているとしても、やはり主観的という批判を免れることは困難である。日本的経営論の方が、現実の企業の経営の上に具体化されているだけに説得力が大きいが、この場合にも、一時の成功はともかく、その成立の由来や、また将来への見通しが問われるときには、歴史的考察が必要とされることとなろう。

日本人論などに、歴史的視点からの考察が不十分となったのは、もともとは歴史研究の側に責任がある。第二次世界大戦終結までの日本の歴史学界では、万邦無比の「国体」とその伝統を誇る、独善的な国定の歴史教育が行われていたために、それとの衝突を避けて、研究者は歴史上の個別の事実の考証に主たる力を注いだ。国家や社会の性格、あるいはその伝統を、客観的な立場から考察することには、大きな制約があったからである。この実証主義を歴史研究の正統と見る考え方は、戦後の学界にも継承されている。戦後になると、前記の制約は解消されたが、それに代って、世界史の基本法則に基づいて、日本史の推移を解釈しようとする、普遍主義の歴史観が優勢となり、日本史に固有の伝統といったものには、ほとんど研究者の関心が指向されなかった。経済の進歩や政治制度の変遷ばかりが、歴史研究の主題となるとき、歴史は現代とのつながりを見失い、ただ進歩という一点だけで現代に接続することとならざるをえない。

それに加えて、戦後改革の中で、過去の伝統を「封建的」とみなし、これを廃棄しようとする風潮が生れて、この面でも歴史と現代との間の断絶は大きくなった。それにより「近代化」が進展したと言えば言えるであろうが、しかしいかなる近代社会にせよ、それぞれの地域や民族の伝統に由来する価値の体系ないし価値意識があって、それが人々の間で共有されることにより、その社会の秩序が維持されているのである。もし伝統から断絶すれば、その価値体系は見失われ、社会の秩序は崩壊するであろう。幸いに日本では、戦後五〇年を経過しても、言論界の動向とは無関係に、人々の生活の中に伝統は生きつづけており、そのことによって社会の健全性は失われていないけれども、その社会秩序の解体の兆候ではないかと思われる事件も、近年はしばしば生起し、人々の心に不安が広がっている。

歴史と現代との断絶を思わせる一つの事象は、近年の考古学ブームであろう。吉野《よしの》ケ里《がり》や三《さん》内丸山《ないまるやま》などの遺跡に、予想外に多くの人々が訪れているのには、さまざまの理由があろうが、そこに行けば、過去の日本人の生活の具体的な姿を見ることができるというのが、最も大きな理由ではあるまいか。縄文時代や弥生時代の生活が、そのまま現代人の生活につながっているわけではない。それにもかかわらず、その古い時代と現代との間を結ぶ生活の歴史を、歴史研究者が提示してくれていないために、生活者としての現代の人々の視線は、はるか遠いけれども具体的な、考古学上の時代に向けられているのであろう。このような人々の関心に正しく応えるためにも、縄文文化といい、弥生文化というのと、同じ意味での日本文化の歴史を構想し構成することを、私たち歴史研究者に課せられた重要な任務としなければならない。

さらにまた、世界の諸外国との関係からみると、日本に日本文化が存在するというのは、日本人が普通に考えているほど、自明の事実ではないことに、留意する必要がある。明治維新以後の日本の近代化について、欧米人がともすれば「猿まね」と言いたがるのは、その近代化を支えた日本固有の伝統的要因を無視しているからである。また東アジアにおいても、中国にせよ、韓国にせよ、日本の文化などは、大陸文化の亜流であるとし、独自の価値あるものなどとは全く考えていないのが実情である。この状況を克服するためにも、日本の文化がいかなる性格のものであり、また、いかにして歴史的に形成されて来たのか、についての明確な認識をもつことが必要とされる。

日本文化の歴史的研究は、上記のように重要な課題であるが、もとよりその課題に答えることは容易ではない。本書で試みようとするのは、そのいわば一つの素描にすぎない。そこでの叙述の中心が、文化という語から連想されやすい文学や美術・建築あるいは演劇・音楽よりも、宗教や思想の方面に置かれているのは、筆者の能力の限界ということもあるが、そればかりではない。宗教とは、自己ならびに他者の「死」をめぐる思考から生れたものであり、また、すぐれた思想は、人がいかに生きるべきか、についての解答である。歴史上の人々の生活そのものを再現することは、史料上の限界があるため、容易ではないが、これら宗教や思想は、その生活者たちの心への通路となりうると考えられる。その背景としての実生活の様相にもふれながら、日本の文化、あるいは日本人の生活文化の歴史をたどってみることとしたい。

目　次

目次

第一章　日本文化の源流

日本の原始文化

日本列島に人が居住するようになった時期は、二十万年以上前といわれる。一九九二年に発見された宮城県の上高森《かみたかもり》遺跡では、六十万年前と測定される層位から石器が出土しているが、この測定に疑問をもつ見解もある。ともかくいわゆる氷河時代に、今の日本列島の地域とアジア大陸とが、海面が低下したために陸つづきになっていたころに人が移り住んだのであろう。そののち、現在から約一万年前、すなわち西暦の紀元前八〇〇〇年ごろから、縄文（縄紋）式土器が製作され使用されていた時代としての、縄文文化の時代すなわち縄文時代に入ることとなる。それ以前は、土器が使用されていなかった時代という意味で先土器時代とよばれ、また、世界史的な見地から、旧石器時代ともよばれる。これに対して言えば、縄文時代は日本における新石器時代に相当する。先土器時代についての研究は、一九四九年の群馬県岩宿《いわじゅく》遺跡の発見以降急速に進んでいる。

一般的には、旧石器時代には打製石器が使用されたとし、磨製石器の使用が始まって以後を新石器時代とするのであるが、日本の旧石器時代には、石斧《せきふ》に磨製の刃を用いたものがあって、一つの特色をなしている。これに関連して、原始時代以来の日本の文化を、自然環境の面から「森の文化」とみる安田喜憲《よしのり》氏の説が注目される。右の磨製石斧も、森の樹木を利用する必要から生れた、と考えるのである。

気候の上では、日本列島はモンスーン（季節風）地帯に属するが、同じモンスーン地帯でも、南アジアの場合は、高温多湿の夏の雨期と、冬の乾期とが交替する形をとるのに対し、日本では、年間の降雨量が多いばかりではなく、夏にも冬にも雨（または雪）が降り、森の生育に適していたとともに、その森の木の実など、豊かな食料が供給された。縄文土器は、ドングリなど木の実に熱を加えて、アク抜きをし、また山菜や川魚あるいは動物の肉を煮て、食用に供するために使用され始めたと考えられている。やがてこれに海の資源が加わる。森の中で土器を使用していた人々が、海岸に近い所に出て魚や貝などを食用にするようになったのは、その生活廃棄物の遺跡である貝塚の残存状況から、ほぼ一万年以前と推測され、「森と海の文化」としての縄文時代は、このころから始まったとされるのである。

森と言っても、日本列島の多様な自然環境に対応して、必ずしも一様ではなかったが、ほぼ五千年前のころから、本州の中部地方を境にして、関東・東北地方にかけてのブナ・ナラなどの落葉広葉樹林帯と、九州地方にかけてのカシ・シイなどの常緑広葉樹林帯(いわゆる照葉樹林帯)とが形成され、現代までほぼそれが続いている。このうち、東日本の森林帯の方が、木の実の種類や量が豊富であったようで、縄文文化の遺跡がこの地域に多いのも、そのためと考えられる。とくに青森県の三内丸山《さんないまるやま》遺跡は、約五千五百年前から四千年前まで、千五百年間にわたって人々が住みつづけた所であり、当時は海岸線も近く、いわば森と海との接点に位置していた。農耕以前の採取経済の段階で、長期間の定住に近い生活形態がみられるのは、日本列島以外の原始社会では異例であり、周囲の地域の生活条件に、いかに恵まれていたかがうかがわれるようである。

豊かな自然環境のもとにありながら、富の集中や権力の強大化を指向することがなく、したがってまた、ほぼ同時代の西アジアにみられるように、都市や神殿の造営などのために森の自然を破壊することもなく、むしろ逆に、自然と調和し共存する社会を長く維持しつづけた点に、縄文文化の特色があり、それを安田氏は「森の文化」とよぶのである。それは縄文文化の特色であったとともに、その後に社会組織の歴史的な変遷はありながらも、日本文化の一面として継承されつづけたものであったといえるのであろう。

三内丸山遺跡では、出土したクリの実のDNAの構造が互いに類似していることから、クリの木を栽培していた可能性があると考えられている。このほか、縄文時代中期のころまでの各地の遺跡で、エゴマ・シソ・マメやソバ類などの種子あるいは花粉が発見されており、縄文農耕とよばれるが、しかしこれらの作物栽培によって生活が支えられていたわけではなく、狩猟・採取経済を補う程度の小規模なものにすぎなかったとみられる。さらに縄文時代後期になると、主として西日本において、アワ・ヒエ・マメ・ソバ、さらにイモ類などの栽培の形跡が見られ、この種の農耕は、次の時代に水田稲作が導入された後にも、山村などの畑作として継承されてゆくこととなる。その意味では、農業も始まってはいるとしても、全般的には狩猟や採取がこの時代の経済活動の基本であった。ただし採取経済とはいっても、その終りごろになると、春には木の芽や貝などを採取し、夏には魚を取り、秋には木の実を集め、さらに冬には猪や鹿などの狩りをするというように、四季の循環に応じた経済生活のサイクルともいうべきものが成立していたと、近年の考古学者の間では考えられているようである。それは日本列島の地域では、四季の循環が、比較的に明瞭かつ規則的であることによると思われるが、このことは次の弥生時代に、農耕文化が大陸から伝えられたとき、それを受容するために好都合な条件をなしたと考えられる。改めて言うまでもなく、水田稲作を中心とした農業を営むためには、四季の循環に対応した生産活動が必要とされるからである。

戦争が始まった時代

縄文時代のあとに、紀元前三世紀のころから弥生時代に入るが、弥生時代の特色は、大陸から伝来した農業生産と、青銅ならびに鉄という金属器の使用との、二点にある。石器時代から青銅器時代を経て、鉄器時代へ移行するというのが、世界の多くの民族が歩んだ過程であるが、日本の場合は青銅器と鉄器とがほぼ同時に伝来したため、実質上において青銅器時代は存在しなかった。鉄器の方が青銅器よりも堅固で鋭利であるから、当然ながら武器や農具など実用の道具には鉄が使用され、青銅で作られた剣や戈《ほこ》、あるいは銅鐸《どうたく》などは、宗教上の祭祀の用具として使われたのにすぎず、いわば象徴的な意味での道具であるにとどまった。

弥生時代については、たとえば第二次世界大戦後に発掘が行われた静岡県の登呂《とろ》遺跡などによって、平和な農業社会というイメージが一般に広まっていた。これに対し、考古学者の佐原真氏は、弥生時代に入ると、それまでには狩猟用の軽くて小さい鏃《やじり》(矢尻)しかなかったのに対し、人を攻撃して殺傷することができるような重い鏃が出現すること、また実際にその種の鏃や鉄剣によって戦死したとみられる人骨が発掘されていることなどに基づき、弥生時代とは、戦争が始まった時代であると主張され、近年はそれが一般に認められるようになっている。

佐賀県の吉野ヶ里《よしのがり》遺跡に見られるように、堀（濠）をめぐらせ、望楼を設けたりして、防衛の態勢をととのえた集落（環濠《かんごう》集落）がこの時代には各地に数多く作られていたこと、また、農業生産の面からは不便な、高い山上や山腹などに作られた集落（高地性集落）の多いことなどは、いずれも軍事上の必要に基づくとしか解釈できない。縄文時代にも、人と人との戦いがなかったとはいえないであろうが、それは殺人事件の報復のためといった、小規模かつ偶然的な性格のものにすぎなかったと推測されるのに対し、弥生時代になると、本格的に集団と集団との間の戦争が生起するようになったのである。それはなぜであろうか。

これは実は、世界の各地で、農業生産の開始とともに発生している現象であって、要するに生産力の向上にともない、富の蓄積が生れると、その蓄えられた物資をめぐって争奪のための戦争が始まるのである。その蓄えられた物資は、最初は集団の共有の財産であったであろうが、しだいにその集団を統率する特定の個人や家族の所有物としての性格をもつようになり、実際にも弥生時代の後半期になると、豪族居館《ごうぞくきょかん》などとよばれる有力者の住宅が、一般の人々の住居とは区別されたものとして出現する。

原始時代から古代へ

豪族居館の遺跡は、支配する者と支配される者との身分の分化が始まったことを示しているが、この動向がさらに進展すると、政治的な支配の組織としての国家の成立をみることとなる。実際にも日本の歴史上では、弥生時代につづく四世紀から七世紀にかけての時期を古墳時代と呼称しているが、大規模な墳墓が各地で造成されたことは、政治的に有力な支配者の出現を物語るものであり、それら多数の小国家が統合されて、本州(東北地方を除く)と四国・九州、および周辺の島々とを統一した国家が形成される。これが日本の古代国家である。

国家の形成は、右のように見ると、一部の支配者たちによって権力と富とが独占される過程であるといえるが、また他の一面から見れば、政治的な組織が形成されることによって、社会に平和な秩序が生れる過程であったともいえる。農業などを営んで生活する一般の人々にとって、その国家は、一面では抑圧するものであったとともに、他の一面からすると、平和な秩序のもとでの安定した生活を保障する意味をもっていたと考えられる。弥生時代が、戦争の時代でもあったのに対し、次の古墳時代に入ると、環濠集落や高地性集落が消滅するが、この事実も、形成されてゆく国家の組織のもとでは、個々の集落が自衛の態勢を維持してゆく必要がなくなったことを示しているのであろう。

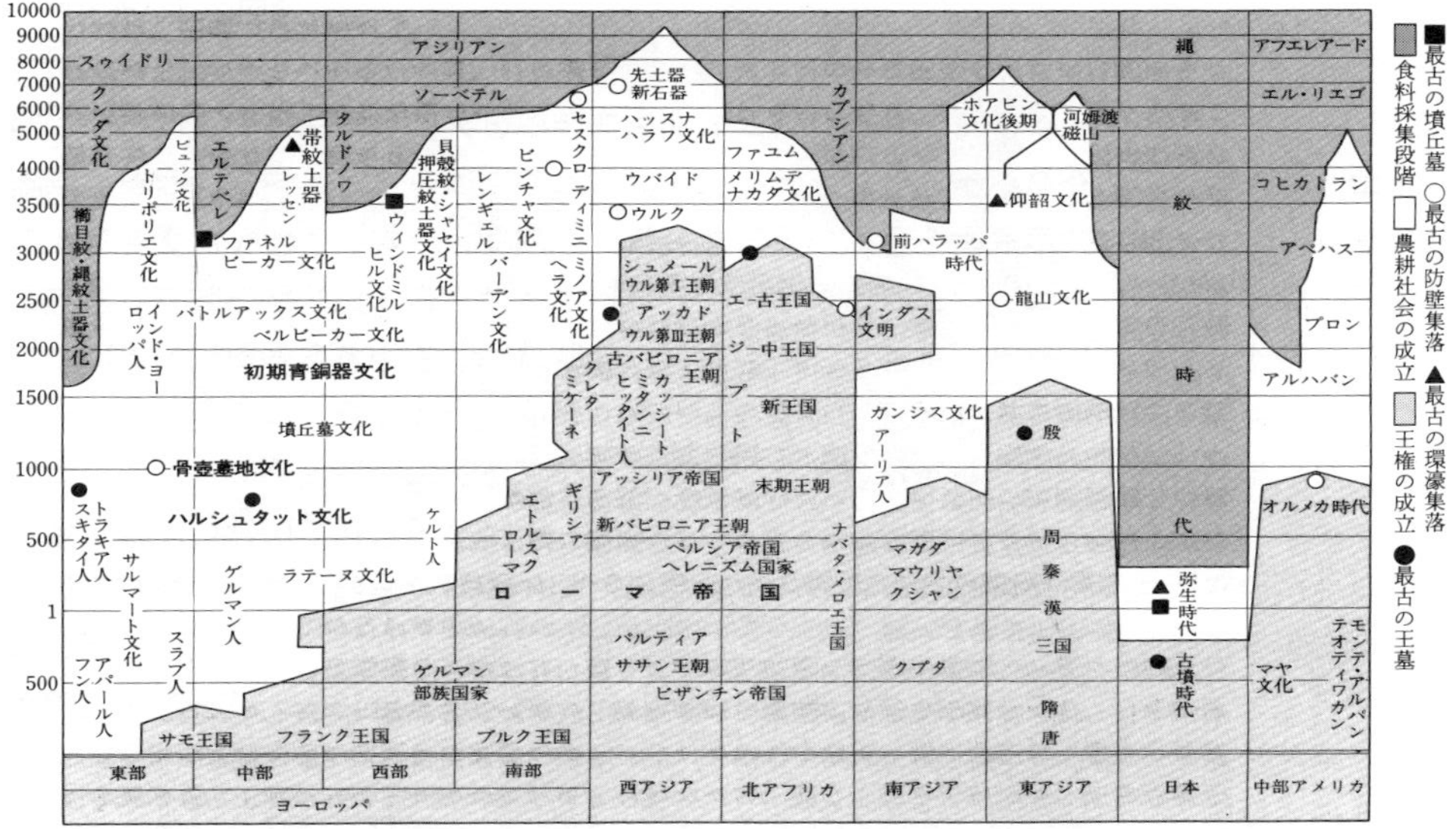

地域別文明発展の様相(佐原真による．ドイツ民主共和国科学アカデミー『世界史——封建主義形成まで』1977 の年表を一部改変)

ところで、右のように権力による抑圧と、その半面としての社会の公共的な秩序の維持という二面性をもつのは、古代国家に限らず一般に国家というものの共通の特性をなすと考えられるが、その中でも古代国家は、歴史上に最初に出現した国家として注目される。採取経済から農耕経済へ、さらに国家の形成へと進むのは、世界の諸民族に共通した歴史の過程であるが、日本の場合はかなり顕著な特色を示している。それはこの過程が、とくに農耕文化の開始以降急速に進行したという事実である。前頁のグラフは、もとの東ドイツの科学アカデミーで作成され、それに佐原真氏が日本の場合を付加されたものであるが、最上段は採取経済の段階を、次が農業が開始された段階を、さらに最も下の部分が国家が形成された段階を示している。これを見ると、日本の場合が特異であって、農耕文化が始まってもまだ国家の形成には至らない時期が、世界の諸地域ではかなり長くつづいているのに対し、日本では農耕文化の開始が他の地域に比べてきわめて遅かった反面、わずかに六百年間の弥生時代のあと、急速に国家形成の進展する時代に入っている点が注目される。それがなぜであるのか。その点には、日本人の生活にとって、国家がもつ意味の重要性が示されているようである。

佐原氏はまた、環濠集落のように防衛の設備をもった村や町が存在したのは、日本の歴史の上では、この弥生時代と、十五、六世紀の戦国時代との二回だけであった、という事実を指摘しておられる。この指摘も重要であって、日本の歴史の全体としての流れを、どのように捉えるべきかを暗示していると考えられる。すなわち弥生時代が古代国家形成の出発点をなしていたのと同様に、戦国時代もまた、その古代国家が崩壊したあとに生れた新しい国家の出発の時期であったのではないか、ということである。そのように見ると、日本の歴史は、戦国時代のころを境界として、その前と後とに二分されることとなろう。それは同時に、日本文化の歴史の区分点でもある。

弥生時代から古代国家の形成に至る過程を、佐原氏は「古代化」と表現しておられるが、それは原始時代から古代国家の時代への変化の意味であろう。それに対応する形で言えば、戦国時代から江戸時代の初めまでは、日本における「近代化」の過程であったと考えることが可能となるように思われる。その点については、後に改めて戦国時代を対象としたところで考察することとしたい。

日本人の起源

ところで、ここまでの記述では保留してきた、日本人の起源という問題にふれておきたい。縄文時代に日本文化の原型が成立したとみられることを、さきに述べたが、その縄文文化を生み出した人々、これを縄文人と呼ぶとすれば、それはどこから日本列島の地域に渡来し、またそののち、どのような変遷を経て現代の日本人につながっているのであろうか。この日本人の起源という問題は、日本語の起源という問題と同様に、きわめて解決が困難であり、明治時代以来さまざまな学説が提起されてきた。日本語の起源については、いまだに定説がないようであるが、日本人の起源の方は、発掘された人骨などに基づく自然人類学(形質人類学)の分野での研究の進展によって、ある程度の見通しが立てられるようになっている。

その中でも有力な埴原和郎《はにはらかずろう》氏の説によると、縄文人は、現在の東南アジア地域に住む人々に近い南アジア系モンゴロイドであった、と推定されている。モンゴロイドとは、いわゆる黄色人種、すなわち日本人や中国人などを総称する意味での人類学上の名称であり、これと区別された意味での欧米人など白人はコーカソイド、また黒人はネグロイドとよばれる。このモンゴロイドの中でも、南アジア人が古く、その後に北アジアに移動して寒冷な気候に適応した人々は、北アジア系モンゴロイドとして区別される。紀元前三世紀ごろ以降の日本に、弥生文化を生み出した人々は、この北方系モンゴロイドであって、文化すなわち農業や金属器だけが伝来したのではなく、その文化をもつ人々が、かなり多数、北アジアから朝鮮半島を経由して日本列島に移住した、と推測される。この移住者（渡来人）を弥生人とよぶとすれば、かれらは初め九州北部や山口県の地域に住み、やがて中国・四国から近畿地方へと進出した。

問題は、この先進的な文化をもつ弥生人と、在来の縄文人との関係であって、前者による後者の征服という過程が予想されるにもかかわらず、また実際にそのような側面がなかったとはいえないにしても、一般的には両者の間での混血が進み、そのことの結果として、人種的・民族的な対立という関係が生じなかったとみられる点である。埴原氏によれば、現在の日本でも、なおその混血の過程がつづいているという。確かに現代でも日本人の間では多様な顔かたちや体格が見られる。縄文人は顔が四角形に近く二重瞼《ふたえまぶた》で眉が濃かったのに対し、弥生人は、面長《おもなが》で、身長も高く、一重瞼で眉は細かった、と推測される。耳垢《みみあか》も、前者が湿型であるのに対し、後者は乾型であるという。現代の私たち自身の身体のあり方を考えてみると、右の両者の特徴は混合しているのが普通であろう。

日本人はしばしば、単一民族であると言われ、そのように見ることに対する批判の議論もあるが、右のような混血の結果として、人種的な対立が解消している点からすれば、源流はともかく、現実には単一の民族を形成していると言えないことはない。ただし混血の程度には地域による差異があって、やはり埴原氏の説によれば、中央地域から遠い北海道や沖縄などには、弥生人の影響が比較的に少なく、したがってアイヌや沖縄の人々は、縄文人の特徴を強く残している、といわれる。

このように単一性に近い民族構成をなしていることが、統一国家の形成にとっては有利な条件として作用したであろうし、その後の文化の発展にも特色をおびさせたであろうと考えられる。なお、日本文化の歴史としては、右のアイヌや沖縄(沖縄の人々は、明治維新までは琉球国として別の国家を形成していた)を含めて考察することが望ましいが、それではあまりに多岐にわたるおそれがあるので、本書では、右に述べた混血の進んだ地域、すなわち本州・四国・九州とその付近の地域を中心に考えてゆくこととしたい。

第二章　古代国家の形成と日本神話

文献資料の限界

弥生時代の終りごろから、さらにそれにつづく四世紀以降、日本は統一国家の形成の時期に入る。しかしこの時期の日本の状況については、文字で書かれた資料、すなわち文献資料として、信頼できるものが国内には乏しく、海外である中国で作られた記録が主要な拠りどころとなるが、その記録の内容は簡潔で、しかもその解釈についてはさまざまな見解があって、事態の真相を知ることには大きな困難がある。当時の中国の文献では、日本の地域を「倭《わ》」ないし「倭国」と呼称しているが、それが具体的に日本の中のどの地域を指しているかについても定説がない。ここではその点をめぐる議論には立ち入らず、ただ中国の歴史書である『漢書《かんじょ》』の地理志に、倭人の社会が「分れて百余国をなす」と記されていること(紀元一世紀ごろ)と、同じく『魏志《ぎし》』倭人伝(正しくは『三国志』の魏書の東夷伝のうち倭人の条)に、倭国が大いに乱れ、その後に卑弥呼《ひみこ》とよばれる女王のもとに統一されたこと、その卑弥呼が「鬼道」すなわち宗教的行為にすぐれていたことが記されている点に注目しておきたい。『魏志』の記述は、およそ二世紀末から三世紀前半の日本の状況を伝えているのであろう。

日本にも、国家成立の由来を記述した歴史書として『古事記』と『日本書紀』とがあるが、いずれも七世紀末から編纂されたもので、最も古い時代に関する部分は、一種の神話であるし、その後の歴史時代についても、とくに五世紀以前に関しては、紀年法（年代の設定）などの面で作為性が強く、そのままでは歴史事実の記述とは認めがたい。このことは津田左右吉による右の両書（「記紀」と総称される）についての綿密な文献批判《テキスト・クリティーク》によって明らかにされている。

古墳の物語るもの

信頼すべき文献資料の乏しいこの時代に関して、最も重要な資料としての意味をもつのは古墳であり、その点でこの四世紀から六、七世紀にかけての時代は、考古学ばかりではなく歴史学の上でも、一般に古墳時代とよばれている。その古墳の中でも、日本文化の特色を示すものとして注目されるのが前方後円墳《ぜんぽうこうえんふん》である。

方形（角形）の前方部と、円形の後円部とが連結された形のこの墳墓は、日本に独自のものであるらしく、朝鮮半島や中国にはこの形の古墳は存在しなかったようである。前方後円墳は、およそ三世紀の半ばごろから出現し、四、五世紀のころが最盛期であって、五世紀に現在の大阪府の地域に建造された応神《おうじん》陵古墳や仁徳《にんとく》陵古墳は、その中でも最大の規模をもち（後者は墳丘の全長が四八六メートル）、底面積だけについて言えば、エジプトのピラミッドに匹敵する。それほど大規模ではないが、ほぼ同じ形の前方後円墳は、この時代に南は九州から、北は東北地方南部まで、全国的に分布している。

この前方後円墳が、どのような目的のために築造されたかについては、考古学者である水野正好氏の説に説得力がある。水野氏によれば、この形の墳墓は、王権ないし地域の首長としての地位を継承するための儀式が行われる場所であって、まず夜間に後円部の墳頂に設けられた竪穴《たてあな》に、死亡した前の王（首長）を葬るとともに、その墳丘の上で、王権継承の儀式を行い、ついで夜明けのころ、前方部に進んで、その下に列《なら》ぶ百官有司の前で新しい王（首長）になったことを宣言する儀式を行った、と考えられるという。つまり後年の皇位継承に際して行われる践《せん》祚《そ》と即位との二つの儀式の源流が、ここにあると見るのである。確かに、後円部の上にも前方部の上にも、そこで宗教的儀式が行われたであろうことを示す埴輪《はにわ》やその破片が残されている。また、巨大な古墳が造られたのも、その王権継承の儀式に宗教的かつ政治的に重要な意味があったからと考えれば、理解ができる。

また、この前方後円墳という特異な形式の墳墓が、大小の差はあれ、ほぼ全国的に共通して分布している点も注目されるが、これは水野氏が主張されるように、中央である大和《やまと》政権に、設計図に似たものがあって、それが各地の地域的支配者（首長）らに配布された結果と考えざるをえない。それにより、各地にそれまであった有力者の墓の制度が変化して、前方後円墳に統一されたのであったとすれば、それは墓だけにとどまらず、政治制度の全般にかかわる変化が生じたことを意味するのであろう。すなわち各地に分立していた地域の首長らは、独立した小国家の建設をめざすよりも、統一国家に服属する道を選んだと考えられるのであり、その点にこそ、統一国家の形成が急速に進んだことの直接の理由があるのであろう。

なお、これら前方後円墳については、その大部分の被葬者が不明のままとなっている点が注目される。宮内庁では、特定の天皇の陵墓として指定しているが、学界では一般に信用されず、たとえば仁徳陵古墳などとよんでいる。これは仁徳天皇陵とされている古墳の意味であって、さらに徹底した立場をとる研究者は、明治維新以前の通称に従って、これを大山《だいせん》古墳とよぶ。同様に応神陵は誉田《こんだ》御廟山《ごびょうやま》古墳とよばれる。ところで、天皇家の祖先を葬った古墳が、このように被葬者不明となっているのは、諸外国に比べて異例であり、天皇の君主としての地位が歴史を通じて存続してきた点からすれば、不思議なことでもある。この事実は、死者の墳墓を祭る風習、したがってまた、祖先崇拝の風習が、古代の日本には果たしてあったのであろうかという、重大な疑問につながるが、その点はのちに改めて考えてみることとしたい。

日本神話と古墳

前方後円墳の上で行われたとみられる王権継承の儀式に関して、水野氏はさらに注目すべき指摘をしておられる。それは上述の後円部から前方部への移動が、神話の中での天孫降臨の物語と関係があり、いわばその降臨を再現して見せているのではないか、という解釈である。中国には古来、「天円地方」、すなわち天は円く、地は方形＝四角形である、とする観念があるが、それと結びつけてみると、古墳の後円部は「天」に相当し、そこから地上である前方部に下降してくる、というイメージが成立しうるのである。

記紀のはじめの部分の記述が神話であることは、さきにふれたが、それらは正式に言えば「神代《かみよ》」の物語である。神代とは、神の世界ではなく、神の時代の意味であって、その点では神代の物語も一種の歴史であり、それが記紀という二つの歴史書の発端の部分をなしている。戦前・戦中には、この神代に始まる歴史が、架空の物語としてではなく、事実として小・中学校の教科書に記載されていた。そのような非現実的な歴史教育が戦後に廃止されたのは当然のことであるが、しかし神話そのものは必ずしも無価値ではなく、とくに古代の人々のものの考え方を示している点では、重要な資料の一つであるといえよう。

記紀神話の大筋は、まず、イザナキ・イザナミという男女二神の結婚による「国生み」、すなわち日本の国土の生成に始まり、最後に火の神を生んだために死んだイザナミを、黄泉国《よみのくに》まで訪ねて行ったイザナキが、そこから逃げ帰り、禊《みそ》ぎをした際に、天照大神《あまてらすおおみかみ》・月読命《つくよみのみこと》・素戔鳴命《すさのおのみこと》の三神が生れる。天照大神が天上である高天原《たかまがはら》の支配者と定められ、やがてその孫に当るニニギの命《みこと》が、天上から日向《ひゅうが》(宮崎県)の高千《たかち》穂《ほ》の峯《みね》に降下(天孫降臨)して、その子孫が日本の君主である天皇となる、というものである。この物語の構成が、天皇の地位の由来を、神々の世界に結びつけることにより、いわば神聖化しようとする意図に基づいていることは明らかであるが、しかしまた、そのすべてが作りごとであるとも言い切れない。あるいは作りごとであるにしても、何らかの素材はあったであろう。その意味で、前方後円墳の上での即位の儀式の記憶が、右の物語に反映している可能性はあるのである。

神の性格

即位の儀式は、その後、現代の大嘗祭《だいじょうさい》に至るまで、宗教的性格が濃厚であって、その点に天皇の君主としての性格の独自性が示されているとみられる。すなわち一種の宗教的権威を背景とした君主（現在の憲法では、天皇は君主ではないが、ここでは歴史上の天皇について考えている）である。問題は、その宗教的性格の内容である。その点に関しては、記紀神話に現れた神々と天皇とを含めた視点からの、和辻哲郎による神々の分類がある。

和辻によると、天皇は宣命《せんみよう》（和文で書かれた詔《みことのり》）などの中で自ら「明神御宇天皇《あきつみかみとあめのしたしろしめすすめらみこと》」と称しているように、現世に現れた「神」であるが、それは信仰や祭祀の対象となる神ではなく、むしろ逆に各種の神を祀《まつ》ることを任務としていることにより、神的な性格をおびた存在、すなわち「祀る神」である。これに対し、山の神や海の神のように、もっぱら「祀られる神」がある。さらに第三に、「祀り、祀られる神」があって、この第三の類型の神こそが最も尊貴な神なのである。皇祖神である天照大神が、まさにそれであって、たとえば記紀神話の中では、弟の素戔嗚命が高天原に昇ってきて、乱暴をはたらいた時、天照大神は、「忌服屋《いみはたや》」で「神衣《かんみそ》」を織っていた（『古事記』）と記されている（「忌み」は「斎み」と同じく、宗教的に清浄であることの意味）。どの神のために神衣を織っていたのか、それは分からない。しかし神に奉仕する女性が神衣を織るのは、一般に重要な神事とされており、女神である天照大神も、同様な仕事をしているのが自然であると考えられ、すなわちこの際には「祀る神」として行動しているのであるが、他面では天照大神は伊勢神宮において「祀られる神」である。これに比較すると、ただ「祀られる」だけの山の神などは、あまり尊い神とはみなされていない。

右のような神々の分類ないし序列は、「祀られる」ことよりも、むしろ「祀る」ことの方に重要な宗教的意義のあったことを示していると考えられる。言いかえれば、祀ること、すなわち祭祀の儀礼そのものが、祀る対象としての神々よりも重要であった。なぜなら、その祭祀の儀礼は、集団(広くは国家)を代表して、その集団の共同性(国家の公共性)を確認するとともに、集団生活の安寧を祈願するためのものだったからである。

女神が神衣を織るというイメージが、古代には普通であったことの一例として、玄界灘の沖ノ島に残された祭祀遺跡の中に、宗像《むなかた》神社の祭神である女神に対する献物として、織機の模型があるのを挙げることができる。海上に孤立した沖ノ島には、航海の安全を祈った祭祀の遺跡が残されていて、「海の正倉院」などとよばれている。伊勢神宮にも同様な織機の模型が伝えられているようである。

国家の統一と家族制度

古墳時代の前半期である四、五世紀のころ、前方後円墳と、その上で行われた王権継承の儀式などにより、いわば宗教的権威に依拠して成立していた統一国家は、六、七世紀のころになると、その伝統的宗教の力がしだいに薄れるとともに、もっと現実的な意味での政治的国家としての性格を強めることとなる。六世紀末から七世紀初頭にかけて、推古天皇のもとで摂政としての聖徳太子が政治の中心となり、さらに七世紀の中葉の大化改新《たいかのかいしん》(六四五年)では、各地の豪族が私有していた土地と人民とを国有化して、いわゆる公地公民制が施行されたとされる。もっとも現在の古代史学界では、『日本書紀』に記載された大化改新の事実については、疑問が多いとされるが、それにしても七世紀末の天武朝のころまでに、公地公民制が実施されたことは否定できない。土地と人民の国有化という大きな変革が、短期間に成功したというのは、世界史的には珍しい現象であるが、どうしてそれが可能であったかの理由の一つは、日本の社会制度、特に家族制度にあったと考えられる。

家族制度というと、父系制と母系制とがまず考えられるが、それらに対する第三の家族制度として、双系制(bi-lateral system)があり、日本では双系制家族が一般的であるとする考え方が、近年の家族社会学や社会史などの研究の分野では有力となっている。双系制の原語のlateralは、方向の意味であるから、双方制と訳すのが正しい。この家族制度では、父系制patrilineal systemなどと異なって、父親から男の子(全員)へ、というような連続した家系lineができないのが普通だからである。しかし日本では、双方的家族を基礎としながら、後述するような社会的・政治的制度を通じて、氏《うじ》や家の系譜が形づくられた点に特色があり、その意味では双系制という表現がふさわしく思われる。

父系制社会の一つの典型は、中国の漢民族の場合である。人は生れるとともに、どの父系の血縁団体に所属するかが決定され、「姓は生なり」と言われるように、その所属を示す姓は、誰にでもあり、また一生変ることがない。それとともに「同姓不婚・異姓不養」という規範があって、同じ父系の血縁者とは、いかに縁つづきが遠くとも、結婚できず（外婚制）、また非血縁者を養子とすることも許されない。しかし日本の社会には古くからこのような規制がなく、異母兄妹のような近親者の結婚さえも、皇室系図などの上では珍しくない。

双系制家族は、現在では東南アジアの地域の諸民族に多くみられ、その点からすると縄文人と関係がありそうである。しかし天皇を含めた上流階級の社会まで同様に双系制であったのを見ると、弥生人もそれと同じであったか、あるいは縄文人に同化された結果なのであろうか、その点は分らない。ともかく父系制の中国では、多数の血縁団体の集まりという意味で、天下の人民が「百姓《せい》」とよばれ、それを特定の「一姓」（漢であれば劉氏、唐は李氏）が支配するという国家体制が成立したのに対し、双系制社会である日本では、血縁による強固な結合はできにくく、家族は常に小家族に分かれてゆく傾向をもつ。

日本の家族が双系的であることの根拠の一つとして、親族呼称を挙げることができる。現代でも同じであるが、日本語では古い時代から、父方の親族と母方のそれを区別せず、たとえば父の兄弟も母の兄弟もオジと呼び、同様に父母の姉妹をオバと呼称する。また自分の兄弟姉妹の子も、男女の区別だけで、オイ・メイと呼んでいる。しかし中国語（漢字）では、父の兄弟は伯父・叔父であるのに対し、母の兄弟は舅であるというように、明瞭な区別がある。漢字を学んだ古代の日本人は、その一部分だけを採り入れて、日本語に当てはめたのである。もし血縁による大家族が形成されたとすれば、日本語のような単純な呼称では混乱を生ずるであろう。

もう一つの根拠として、吉田孝氏は、インセスト・タブー（近親相姦の禁止）の面から、大祓《おおはらえ》の祝詞《のりと》に見える「罪」の中に、「己《おの》が母」や「己が子」を犯す罪と並べて、「母と子と犯せる罪」「子と母と犯せる罪」があることに注目し、これは妻の母や、あるいは妻の娘（「己が子」ではない前夫の子）と、性的関係をもつことの禁止であり、それが禁止されたのは、母と子の結びつきの方が、夫と妻との結びつきよりも強かったためであろうとして、「妻と未婚の子供、そして夫」からなる小家族が、古代日本の社会の基礎的な単位であったのであろうと想定しておられる。ここにも現代日本の家族の姿に通ずるものがあるようである。

このような小家族は、夫も妻も、それぞれ親から財産を分与されて、独立の所帯を営むのが普通であったが、その生活の拠りどころとなるのは、血縁よりも、むしろ居住する地域での人々との結びつき（地縁）であった。その地縁による団体が、「ヤケ」（宅・家）であり、その中で大規模なものが「オオヤケ」（大宅）、すなわち地方豪族の住居である。このオオヤケが、漢字「公」の訓となった理由について、溝口雄三氏は次のように述べる。「大宅は機能としてはその地域の共同体・構成員が帰依する中心であり、その意味でそれは権力の中枢であるが、しかしそこに朝貢・租税などの形で集中された財物は、時に軍事・祭事また土木事業などにもあてられたであろうから、大ざっぱな意味でそれは地域共同のものでもあった」。この古い時代の地域共同体のイメージが、国家の規模にまで拡大されたことにより、天皇の朝廷が「公《おおやけ》」とよばれ、さらにそれは古代ばかりではなく、中世以降の国家にも継承される。これを溝口氏は「おおやけ構造」とよび、日本に特殊なものとみるのであるが、その特殊性とは、国家という権力組織の中に共同体構造が包摂されていること、もっと具体的に言うと、世間への奉仕と権力への奉仕とがいわば一体化している点にある、とする。新しい時代の事例としては、江戸時代の村役人が、年貢を徴収するとともに、道路橋梁の修理や、村民の協同生活などの運営に当っていたことについて、近代の福沢諭吉が、これを「地方公共」の自治制度として評価していることを挙げ、「お上《かみ》のご用とみんなのための事がひとしく「公共《おおやけ》」と」考えられている点に、福沢の思考を含めて、日本の独自性が示されているとみるのである。

中国思想の研究者である溝口氏は、中国では「公」が、公平といった意味でのプリンシプルを示し、それによって「公」思想とも表現できるのに対し、日本のオオヤケには、そのような理念ないし思想としての性格がないことに注目し、前者の後者に対する優越性を説こうとしておられるようである。しかし民族と民族とのあいだで、文化や思想についてそれぞれの独自性を認識することは重要であるが、優劣を論ずることには意味がない。特定の価値基準からすれば、一方が優れているとみられるとしても、基準を変更すれば、その逆になることもありうるからである。右の「公」についていえば、中国史上で「公」が道徳理念となったのは、一姓支配の国家では、その皇帝と一族、ならびにそれを補佐する官僚たちに、専制化や公私混同の弊害が生じやすく、それを制約するための理念が必要とされたためではあるまいか。それに対比して言えば、国家の政治的秩序が、同時に共同体としての性格を具《そな》え、したがってその中に生きる人々の生活の上に、意識されない公共性が実現されているというのが、日本の「おおやけ構造」であったとすれば、それにはそれなりの長所のあったことが認められなくてはならないであろう。

氏の系譜と国家

ヤケを基礎とし、あるいは複数のヤケを統合して成立した地域の豪族は、「氏《うじ》」とよばれたが、この氏は血縁団体ではなく、したがって血縁を表示するものとしての中国の姓に相当するものも、本来はなかったようである。埼玉県の稲荷山古墳から出土した五世紀のものと推定される鉄剣の銘には、先祖オオヒコから、この墳墓に葬られたオワケの臣《おみ》までの系譜が記されているが、氏の名はない。その後に氏の名は一般化するが、たとえば蘇我《そが》氏とは、飛鳥の西北に当る曾我川の付近を領有した豪族の意味であるらしく、また物部《もののべ》氏とは、物《もの》すなわち武器を管掌する軍事的氏族の意味であろう。いずれも一種の職掌名であり、それぞれの氏には、「姓《かばね》」が天皇から賜与されたが、これも大臣《おおおみ》・大連《おおむらじ》・臣・連・宿禰《すくね》・首《おびと》など、朝廷での政治的地位を表象する称号であって、中国の「姓」とはまったく異質である。天皇家そのものに姓がないのも、日本の特色であるが、これも「スメラミコト」(統治者または清浄な人の意味の尊称)という職掌名だけで十分とされたからであろう。なお、天皇は、はじめに大王とよばれ、推古朝のころから天皇の称号が用いられた、とされることが多いが、これはスメラミコトを漢字で表記する場合の用字法にすぎない。

右の稲荷山鉄剣銘では、オオヒコ以下の系譜を、「其《そ》の児《こ》、名は……」という形で記しており、一見すると、父から子への直系の相続のようであるが、日本語のコ(子・児)が、必ずしもウミノコ(実子)を意味しないことは、柳田国男によって指摘されていた通りであって、この場合にも、文末に「吾が奉事の根源を記すなり」とある点から判断すれば、大和朝廷への奉仕の来歴を記述するところに、この銘文の主眼があり、したがってオオヒコからオワケに至る八代の系譜は、朝廷に奉仕した一族の族長の地位を継承した者の名を列記したものと考えなければならない。それが父から男の子への継承であったかどうかは、実は分らないのである。このような一系の系譜とは別に、「AがBを娶《めと》りて生む児《こ》C」といった形で、血縁関係を明示した系譜があり、ここでは父方(A)と母方(B)との双方につながるものとして、Cの出自が示される。前者すなわち一系系譜に対し、後者すなわち両属系譜のあることに注目した義江明子氏は、両者のいずれか、あるいは両者の組み合せによって、古い時代の氏の系譜が作られていることを明らかにし、それにより双系制家族を基礎としながら、父系に類似した系譜をもつ集団としての氏が形成されたとする。

しかし両属系譜では、ある個人の出自は、一つの氏とは限らず、したがってまた、団体としての氏と氏との境界も不明瞭になりかねない。その意味で一系系譜が必要とされるのであるが、その一系であることの根拠は、単純に族長であるだけではなく、右の「奉事の根源」のように、朝廷に奉仕し、国家組織の一員となっていることにある。義江氏はこれを、「氏《ウジ》は、大王への政治的求心性と他氏との相互関係性を出発点からの特質として持つ非自律的集団である」と表現している。それとの対比で言えば、中国の父系の血縁による大家族（宗族《そうぞく》）は、必ずしも国家などに依存しなくても存続できるという意味で、自律的集団である。

大化改新以前の氏姓制度とは、このような氏の長、すなわち地域共同体の代表者を統合した国家制度であった。その中心となった大王（天皇）家の系譜にも、右の両属系譜の性格が示されており、それだけに大王の母方に当る豪族の勢力も大きくなる場合があったと推測される。この点に関連して、王権の中心が大和（奈良県）にあったにもかかわらず、応神陵や仁徳陵などの巨大古墳が、河内（大阪府）にあるのはなぜか、という疑問に対し、皇后の出自氏族が、天皇陵造営の地を提供したのではないか、とする水野正好氏の説が注目される。伝説に近い時代の家系を明らかにすることには困難があろうが、右の説が成立する可能性があると考えられる理由は、聖徳太子ならびにその父用明《ようめい》天皇、また推古天皇の陵墓が、河内の磯長谷《しながだに》（大阪府太子町）にあることであって、その地は、それぞれの母方に当る蘇我氏の一族の所在地であった。

古代国家の成立過程に関しては、まず最初に畿内《きない》（のちの大和・河内・和泉・摂津・山城の五ヵ国）の地域の豪族たちが、大王を中心とした連合政権を作り、その後に周辺の地域を征服していったとみる、いわゆる畿内政権説がある。この説は、大王(天皇)の権力が、中国の皇帝のように専制的なものではなく、有力な豪族たちによってその権力の行使が制約されていたこと、またこのような氏族連合としての中央政府の性格が、律令制導入後にも太政官の合議制として受け継がれていったこと、に注目した点ではすぐれているが、畿内と畿外との区別を強調しすぎる点は疑問であり、そもそも国家というものについての考え方そのものが誤っているのではないか、と長山泰孝氏が批判しておられる。「国家は、社会の内部に統合への強い要求が存在するとき、実体的支配を超えて形成されうるもの」であるとし、「日本の歴史の特徴は、むしろきわめて早い時期に列島の主要部において政治的統合が実現し、対内的な平和化がもたらされた点にある」、とみるのである。この見解の方が、さきの稲荷山鉄剣の銘文や、またすでに四世紀から前方後円墳の全国的な分布がみられるという事実を、整合的に説明することができるので、正しいと思われる。

律令制と氏族

六・七世紀のころになると、中央政府の要職が、畿内出身の豪族によって占められるようになったのは事実であり、その中でも最も強大な蘇我氏を排除して、大化改新が開始され、中央集権的な国家をめざす制度の整備が進められた。この際に模範とされたのは、唐の律令《りつりょう》制度であり、やがて七世紀末の天武・持統朝に浄見原《きよみはら》令の制定、ついで大宝律令(七〇一年)の成立を見る。しかし律令制度の導入にもかかわらず、氏姓の制度は廃止されず、姓《かばね》の序列などに変更はあったが、氏すなわち豪族の連合としての国家の性格は存続した。

律令の制定に際し、唐と日本とでは、社会や国家の伝統に相違のあることが、ある程度は意識されていたらしく、とくに家族制度に関係ある事項(たとえば相続)に関しては、唐令と異なった規定の設けられている場合がある。あるいはまた、条文は唐令のままであっても、実際の運用の面で、唐とまったく異なっていることもある。その後者の事例の中でも重要と考えられるのは、いわゆる公地公民の制である。これは唐令から継受されたもののように、常識的には考えられてきたが、唐令と比較した綿密な考察により、公地に相当する公田(田は耕地の意味で、水田には限らない)の語は唐令にもあるが、その意味が、八世紀の日本での用法と異なること、また、公民の語は、唐の律令を含む法制資料の中には見出されないこと、を明らかにされた吉田孝氏の研究が注目される。それによれば、班田収受法によって一般の人民に割り当てられる口分田《くぶんでん》は、唐では私田とされたのに対し、日本では公田とみなされている。では唐での公田はといえば、それは官田と同じ意味で、すなわち政府機関に所属する田地を指したのである。このように唐と日本とで異なる「公」「私」の観念には、それぞれの国家制度のあり方が反映されているといってよいのであろう。一姓支配の国家では、皇帝とその政府（官）とによって、「公」権力が独占されており、それ以外の一般の人民、すなわち百姓《せい》は、すべて私的な存在とみなされる。そこでは、全体を国家の人民として包括するような「公民」の観念などは成立する可能性がなかったのである。

これに対し、日本での「公民」の語は、文武天皇の即位（六九七年）の際の宣命《せんみょう》に、よびかける対象として、「皇子等《ら》・王等・百官人等・天下公民」と記されているのが、最初のようであるが、それ以前の同様の宣命では、「天下公民」に相当する部分が、「諸百姓等」のように表記されており、百姓すなわち一般の人民を「公民」とも表現したことが知られる。漢語の「百姓」には、もともと多数のという意味が含まれているにもかかわらず、さらに「諸」や「等」など、複数を示す語を加えたのは、中国のような血縁団体の集合ではなかった日本の社会において、広く一般の人民を指す意味での表現であろう。「諸百姓等」も「公民」も、実際の宣命では、オオミタカラと訓読されたようであるが、オオミタカラとは、大御宝とも、また大御田族《たうから》とも解釈されて、原義は明確ではないけれども、「大御《おおみ》」という敬称から、天皇と関係づけられていることは明らかであり、その天皇の国家の人民を「公」の語で表現したところには、やはり「オオヤケ」という観念のもつ共同体的性格が示されていると考えられる。

この国家の共同体的性格は、一面では、氏すなわち豪族自身の地域共同体的性格に基づき、また他の一面では、氏と氏、氏と国家との間における協力関係ともいうべきものに支えられていた。さきの稲荷山鉄剣銘では、先祖以来、「世々、杖刀人の首として」朝廷に奉事したことを記すとともに、オワケ自身は、ワカタケル大王（雄略天皇）の時、「天下を左治し」た、すなわち天下を治める事業を佐《たす》けた、と述べている。五世紀のころには、一地方の豪族にもこのような意識があったとすれば、七世紀に律令制国家の上層部を占めて、いわば貴族化した有力豪族たちの間にも、同様な国家意識は継承され、したがって貴族連合としての新しい国家が発足したのである。しかし八世紀初頭のころをピークとして、これら有力豪族は急速に衰退したことを、長山泰孝氏が指摘している。その原因は、やはり律令制度が中国の父系制社会を基盤としたものであったのに対し、異なった家族制度に立脚した日本の氏の伝統が適合できなかった点にあるのであろう。上級官僚としての貴族の地位は、蔭位《おんい》の制、すなわち父が高位高官であれば、子は任官の当初からある程度の位階を与えられる、という制度によって保証されるはずであり、唐では実際にこの制度が機能していたのであるが、日本の氏の相続は、父から子へとは限らず、一族の中で有能な者が族長の地位を継承してきており、それを父から子へと限定されると、もし子が無能な場合には、かえって一族の没落を招く結果となるのである。

氏そのものの内部構造も変化する。義江明子氏は、「氏神」という熟語が史料上に現れるのは、奈良時代末以降であり、しかもその際に、「私氏神」(七七二年)あるいは「私神祭祀」(七七一年)といった表現のあることに注目する。これらは官人が休暇をとる理由として挙げられているのであるが、もともと官人たちは、上級の貴族を含めて、平城京に住むとともに、地方にも住居を置いており、地域の豪族としての性格を保持しつづけていた。その地域で神を祭ることとは、共同体としての神事であり、そのうち重要なものは国家の祭祀にも組み入れられていた。これらが公《おおやけ》の神祭りであるとすれば、それと区別された私《わたくし》の神とは、その神を祭る場所が地方にあるとしても、もはや共同体の守護神ではなく、その共同体から遊離した、都市の貴族・官人らの族長の一族だけの祖先神であり、祖先であることによって子孫を守護する神なのであろう。日本人の宗教として、古くから祖先崇拝があったとされることが多いが、義江氏がそれを批判して、氏の性格の変化にともない、この段階ではじめて祖先崇拝の信仰が生れたこと、またそれが氏の祖先からやがて家の祖先へという形で継承されていったこと、を指摘しておられるのは、妥当な主張であると思われる。

万葉集と白鳳・天平の文化

七世紀は、古代国家の完成に至る、激動の時代であった。壬申《じんしん》の乱(六七二年)をいわば自力で勝ち抜いて、最後の勝利者となった大海人《おおあま》皇子(天武天皇)とその妃(のちの持統天皇)とは、柿本人麻呂によって、「大君は神にしませば」とうたわれたが、これは天皇の神格化などを意味する表現ではなく、この二人以外には用いられていない。むしろ同じ人麻呂の歌に、「山川も依りて仕ふる神ながら」とあるように、山や川の自然神よりも優越した力をもつ人間の、人為的組織としての国家を作り上げた力に対する賛美なのであろう。

この人麻呂が活動した七世紀末のころを画期として、『万葉集』に収められた歌は、それ以前と以後とに区分できるようである。それ以前のものは、巻一の巻頭の雄略天皇の作とされる「籠《こ》もよ、み籠もち」に始まる歌が、宮廷での遊宴に際し演じられた舞踊劇の歌詞として伝えられたものではないか、と考えられるのをはじめ、祭祀や葬送などの儀礼や、遊宴の場において、作られ鑑賞された歌が多い。いわば共同生活を背景とした作品であったのが、八世紀の奈良時代に入ると、しだいに歌人の個性が明確となり、個人の心情を表現した歌が多くなる。その分水嶺とでもいうべき位置を占めるのが、人麻呂であって、「そこには等質的な自然人から個性的な個人が生まれて行く或る経過時代の民族のありかたがまざまざと窺える」と、高木市

東大寺法華堂

興福寺旧東金堂
本尊仏頭

興福寺阿修羅像

薬師寺東塔

写真：辻本米三郎(右上・左下)，渡辺義雄(右下・左上)

之助が述べているのも、その意味であろう。それは人麻呂だけではなくて、『万葉集』の全体について言えることかもしれない。共同性と個と、どちらに重心を置くのが正しいか、という問題ではなくて、共同性と個との関係が、調和したバランスを保つことが、おそらくは望ましい状態なのであり、それが実現されているところに、文学としての『万葉集』の魅力の根源があるのであろう。さきに見た「氏」の共同体的性格と、それを基礎とした統一国家の建設、ならびにその国家が完成された直後から始まる共同性の解体という、社会事象の推移が、その背景をなしていたと考えられる。

美術史の上では、七世紀後半を白鳳時代とよび、八世紀の中ごろまでを天平時代とするが、この両者は、『万葉集』に収められた歌の制作年代と、ほぼ重なる。気宇壮大で明朗な印象を与える興福寺の仏頭（もと六八五年に完成された山田寺の本尊が、のちに興福寺に移されたと推定される）や薬師寺の東塔が、白鳳時代を代表し、また、知的な精神性を示す興福寺の阿修羅像や東大寺の三月堂（法華堂）が、天平時代の傑作とすれば、その間の推移も、『万葉集』の場合と共通しており、現代に通ずる日本人の精神生活の出発点が、そこにあると言ってよいのであろう。

第三章　仏教の受容とその発展

仏教の伝来

日本に仏教が伝来した年代については、欽明天皇十三年(五五二)とするのが、『日本書紀』の記述であるが、別の資料(『元興寺伽藍縁起《がんごうじがらんえんぎ》』など)によれば、五三八年、すなわち欽明天皇即位の前年とされる。二つの伝えをめぐって、さまざまの議論があるが、ここではただ、六世紀中ごろという時期だけに注目したい。右の年代は、どちらにしても、仏教の公伝、すなわち公式に百済《くだら》の聖明王から、はじめて大和朝廷に仏像と経論などが贈られた年代を指すものであって、それ以前から、渡来人などの間で私的に仏教が受容されていたであろうことは、当然の事実として推測される。

『日本書紀』によれば、この時に贈られた仏像を見て、天皇はこのように美しい(「端厳《きらぎら》し」)容貌を見たことはないと言い、これを礼拝《らいはい》すべきかどうかについて、重臣らに諮問したところ、蘇我稲目《そがのいなめ》は賛成し、物部尾輿《もののべのおこし》らは反対した、と記されている。この記述は、あまりにも童話的であって、事実とは信じがたい。インドで紀元前五世紀のころに成立した仏教は、紀元一世紀の後漢の時代に中国に伝来して以来、ときに廃仏とよばれる弾圧にも遭ったが、五世紀の南北朝時代には、北方では北魏の王朝のもとで雲岡《うんこう》（大同）と龍門（洛陽）の石窟が建造され、同じころ南朝でも貴族仏教が栄えていた。このころから主として南朝とではあるが、中国と外交交渉をもっていた大和朝廷が、仏教についてまったく知識をもっていなかったとは考えにくいのである。

むしろ注目しなければならないのは、六世紀半ばにおける日本社会の宗教的状況であろう。このころは、なお古墳時代ではあるが、前方後円墳を基本とした本来の古墳時代としては、すでに後期に入り、五世紀の終りごろから、大陸から伝来した横穴式古墳が広まりつつあった。王権継承の儀式の場としての前方後円墳では、後円部の竪穴に葬られるのは、死亡した王ないし首長ただ一人であった。これに反し、横穴式古墳には、家族が一緒に葬られ、あるいは追葬される。記紀神話の中で、イザナキが死んだ妻を訪ねて行った黄泉国《よみのくに》は、まさに横穴式古墳の内部の姿の反映であろう。しかし前方後円墳は、本来はそのような意味での単純な墳墓ではなく、むしろ集団の統一性を再確認するための政治的な儀式の行われる場であった。そのように政治的に重要な意味をもつ儀式が成立するのは、それを支えた宗教的信仰ないし信念が、人々の間に共有されていてこそ、可能であったと考えられるが、この六世紀中葉には、大陸文化の影響などにより、すでにそのような伝統的な信仰は薄れつつあったのではあるまいか。

仏教がそれに代るものとして、はじめから明確な政治的意図に基づき、受容されたとまでは言えないにしても、このころ以降、前方後円墳の築造は衰退に向かい、それに代って蘇我氏による飛鳥寺《あすかでら》(正式には法興寺、五八八年起工)をはじめ、有力な氏族や、さらに政府による寺院の建立が盛んになる点からみれば、少なくとも結果としては、統一国家を支える政治的宗教とでもいうべきものが、古墳時代初期の原始的な信仰から、新しい仏教へと変化していったことは事実であろう。これがいわゆる国家仏教、すなわち鎮護国家を主眼とする仏教であって、やがて奈良時代にその頂点を迎えることとなる。

聖徳太子と法隆寺

六世紀の初めにはまた、百済から五経博士《ごきょうはかせ》が日本に贈られて、儒学を伝えたことが、『日本書紀』(継体天皇六年の条など)に見えている。五経とは、易・書・詩・春秋・礼記《らいき》の五つの書物で、儒学の中心をなす古典である。儒学は中国で官僚たる知識人の教養として尊重されてきた学問であったから、仏教とならんで、統一国家の体制を整備するのに役立つこととなった。

推古天皇の摂政としての聖徳太子の政治(五九三―六二二年)は、右の仏教と儒教など大陸の先進文化に依拠しながら、国家の統一性を強めようとしたところに主眼があったとみられる。その面での太子の活動を代表するのが、冠位十二階《かんいじゅうにかい》の制定と、憲法十七条の作成とである。前者は、氏族を単位として賜与《しよ》されていた「姓《かばね》」に対し、それを廃止するのではないが、個人を単位とした政治的序列を表象する冠位を導入したもので、官僚制への一歩の前進である。また、憲法は、官僚としての心構えを教えようとするところに主眼を置いている。その第一条は、「和を以《もっ》て貴しとなし、忤《さか》ふること無きを宗《むね》とせよ」に始まる有名な文で、協同の精神を説いている。「和」を貴ぶべしとする考え方は、『礼記』や『論語』などに見えるので、儒学に根拠があるが、これを最初の条項とした点には、日本人の社会観の特色が示されていると、のちに解釈されることとなる。あとの第三条に、「詔《みことのり》を承《う》けては、必ず謹《つつし》め」といい、第四条に、「群卿百僚《ぐんけいひやくりよう》、礼を以て本《もと》となせ、それ民を治むるの本は、要は礼にあり」といっているのは、いずれも官僚に対する儒教的な教訓である。この種の条項が多いが、第二条「篤《あつ》く三宝を敬へ。三宝とは、仏・法・僧なり」のように仏教の尊重を説いた箇条もあり、第一条の「和」も、仏教の立場で僧侶の集団を「和合衆」とよぶことと、関係があるかもしれない。

仏教に対する太子の熱意を示したものとしては、法隆寺の建立とならんで、三経義疏《さんぎようぎしよ》の著述がある。これは法華経・勝鬘《しようまん》経・維摩《ゆいま》経という三つの仏典の注釈書であるが、漢文で記述されている点などから、太子の真撰であるかどうかを疑問視する主張は早くからあり、また最近には中国西域の敦煌《とんこう》から、勝鬘経の注釈書で、右の義疏と同一内容ではないが類似した性格のものが発見されたため、中国北朝で作られた注釈書に太子が手を加えた程度のものか、とも考えられている。しかし真撰説もなお有力である。その点は確定できないけれども、むしろ太子が右の三つの経典を選んだ点に、注目すべき意味がある。法華経は大乗仏教の重要な依拠として、のちに天台宗や日蓮宗で尊重されるものであり、あとの二経は、勝鬘夫人《ぶにん》と維摩居士《こじ》という、いずれも僧侶（出家）ではない在家《ざいけ》すなわち社会人を中心に、仏教の教えを述べている。すなわちこの三経は、いずれも大乗《だいじょう》仏教の特色をよく示したものであり、大乗仏教とは、自己のみの救いを求める小乗《しょうじょう》仏教（上座部仏教）に対し、広く人々を救おうとする慈悲の精神を特色とし、したがって一般の社会人にも受容されることが可能な仏教思想であるとすれば、太子の右の選択には、明らかに大乗仏教への傾斜がうかがわれるのである。

　三経義疏には疑問が残るとしても、疑う余地のない太子の言葉として伝えられているものに『天寿国繡帳銘《てんじゅこくしゅうちょうめい》』（中宮寺蔵）の中の、「世間虚仮《せけんこけ》、唯仏是真《ゆいぶつぜしん》」がある。世の中は空しく、ただ仏だけが真実である。というこの二句は、太子晩年の諦めの境地を表現しているかのように理解されるかもしれないが、そうではあるまい。仏教の根本の思想は、「諸行無常《しょぎょうむじょう》、一切皆苦《かいく》、諸《しょ》法無我《ほうむが》、涅槃寂静《ねはんじやくじよう》」の四句、すなわちいわゆる四法印《しほういん》に要約されるといわれる(宇井伯寿「仏教一貫の説」)。無常なる現世のさまざまなものに執着するから、苦しみが生ずるのであり、自己を含めて一切の物には実体がないこと(「無我」)を正しく認識するならば、悟りの安らかな境地に入ることができる、というのがその四法印の意味であるとすれば、太子の語も、同じ趣旨を異なった表現で述べただけで、太子が仏教の精神を正しく理解していたことを、この簡潔な二句は示しているといえよう。

なお、太子が斑鳩《いかるが》の地に建立した法隆寺は、世界で最古の木造の建築とされるが、現在の法隆寺は太子の当時のものではない。『日本書紀』によれば、天智天皇九年(六七〇)に法隆寺が全焼したと記されており、実際にも昭和十四年に本来の法隆寺と見られる若草伽藍《わかくさがらん》の遺跡が発掘されているので、その後に再建されたことは確実であり、再建の時期は明らかではないが、七世紀末から八世紀初めと推測され、それでも世界最古であることに変りはない。

また、太子の子の山背大兄王《やましろのおおえ》の時、蘇我氏に攻められて、太子の子孫は絶えており、そのため再建された法隆寺は、太子の怨霊を鎮める目的で造られた、とする説がある。その主たる根拠は、正門である中門《ちゆうもん》の中央に柱が立てられ、通路を二分している点にあって、この柱は怨霊《おんりよう》を封じ込めるためのものであると見るのである。しかしこの説に対しては、直木孝次郎氏による反対の意見があり、中門の中央に柱が立てられたのは、中門の大きさによるとともに、その正面には、現在は講堂があるが、再建当初には何も建物がなく、したがってその景観を二分するおそれがなかったからであるとしている。また、子孫はともかく、太子自身には怨霊となる理由はなく、そもそもこの七世紀のころには、まだ怨霊の祟《たた》りという観念そのものが存在していなかった、と直木氏は主張する。この直木説の方が妥当と思われる。

律令国家の僧尼統制

七世紀末の天武《てんむ》・持統《じとう》朝から、唐の国家制度にならって律令の法律体系が作られ、やがてそれが、八世紀初頭に大宝律令、ついでそれを改訂した養老律令として完成された。この律令の中に僧尼《そうに》令があって、僧(男)と尼(女)に関する各種の規制を定めているが、それはかなりきびしい性格のもので、政府の許可なく出家して僧尼となることを禁じ、その許可を得ること、すなわち得度《とくど》については人数を制限するとともに、僧尼が寺院以外で宗教活動をすることも禁じている。このような国家による統制のために、僧侶の中から選ばれた僧綱《そうごう》、すなわち僧正《そうじょう》・僧《そう》都《ず》・律師《りっし》とよばれる僧官を置き、さらにこれを治部《じぶ》省に所属する玄蕃《げんば》寮が管轄することとした。玄蕃寮は外国との関係を管掌する役所であるから、仏教は外来宗教とみなされたことになる。

しかしこのような統制の制度は、唐など中国の制度を模倣したものであったから、必ずしも実効力を持たず、早い時期から官許を得ない僧尼、すなわち私度《しど》の僧尼が数多く現れるようになった。その理由の一つは、僧尼になれば、国家の課役から免れることができるためであったが、そればかりではなく、政府の側でも、必ずしもこの統制を強行しようとしていたとはいえない面がある。それは聖武《しょうむ》天皇（在位七二四―七四九年）の時に行われた東大寺の大仏造営の事業の上に現れている。

大仏造営と行基の活動

聖武天皇が大仏造営の詔《みことのり》を発布したのは、天平十五年（七四三）のことであるが、その詔の中では、「それ天下の富を有《も》つ者は朕《ちん》なり、天下の勢を有つ者は朕なり。この富勢を以てこの尊像を造る。事《こと》や成り易くして、心や至り難し」として、「知識に預《あずか》る者」の協力を要請するとともに、「もしさらに人の、一枝の草、一把の土を持て、像を助け造らむことを請願する者あらば、恣《ほしいまま》に之を聴《ゆる》せ」と述べている。「知識」とは、仏教の用語では友人・同志を意味し、ここでは主として財力ある人々に協力を求めているのであるが、そればかりではなく、財力をもたない一般の人民をも加えて、国民の自発的な協力による造像を目指していたことが知られる。

「知識」という平等な関係を、天皇が豪族や人民との間に結ぼうとするのは、一種の幻想にすぎないように見える。しかしそれを単なる幻想として片付けたのでは、この大事業を企てた天皇の意図を探る道が閉ざされるのではあるまいか。この大仏は、盧舎那《るしゃな》仏（または毘盧遮那《びるしゃな》仏、サンスクリット語 Vairocana は、輝きわたるの意味で、光明遍照と意訳される）、すなわち華厳《けごん》経に基づく法身《ほっしん》仏である。法身とは、法（真理）そのものを具現した姿であって、宇宙に遍満するから、その様相を大きな仏として表現するのである。この仏から、無数の釈迦仏が分身し、それぞれが完全な仏として、衆生を教え導く。現存する奈良の大仏の本体は、数度の兵火に遭っているが、台座の蓮弁は創建当初のままで、そこには多数の釈迦や菩薩の姿が刻まれている。この仏たちの姿の上に、華厳経の教理の特色をなす、一即一切《いちそくいっさい》・一切即一《いっさいそくいち》の思想や、重々無尽《じゅうじゅうむじん》の縁起の思想が表現されているのであろう。一なる個人の心に、世界の事物の一切が含まれ、また逆に、一なる個としての自己は、一切の事物との関係の上に成り立ち、個人や自己としての実体があるわけではない。それが一即一切・一切即一であり、また重々無尽の縁起とは、たとえば因陀羅《いんだら》（帝釈《たいしゃく》天）の像の上を覆う網の結び目ごとに水晶などの珠《たま》が付いているとすると、一つの珠には他のすべての珠が映っており、しかもその映った珠の一つずつの中にもすべての珠の映像があって、この関係には限りがないように、すべての事物は相互依存の関係をなしていることをいうのである。もとより深遠な華厳経の教理を、このように単純化するのは無理であろうし、聖武天皇がどこまでそれを理解していたかも分らない。しかし天皇が華厳の教えに心を惹かれていたことは事実であり、その理由をあえて推測すれば、右の一即一切や重々無尽の理論の中に、自己と他者、あるいは個人と社会の関係のあるべき姿を、天皇は感じ取っていたのかもしれない。それはいわば、共同体的な性格をもつ社会の中での個人の生き方である。教理そのものは、悟りの精神的境地の表現であって、社会観などではないけれども、大乗仏教の教理であるから、社会人としての生き方と無関係なものでもない。そして聖武天皇の時代は、まさに現実には古代国家の共同体的性格が解体しようとする段階に当っていた。その再生を、天皇は仏の力に頼って実現しようと努力していたのではあるまいか。

天平二十一年（七四九）に陸奥《むつ》国から金が産出し、大仏に塗金することが可能となったとの報告を受けた天皇は、大仏に対する宣命により、その喜びを表現したが、この宣命の最初の部分では、「三宝《ほとけ》の奴《やっこ》と仕奉《つかえまつ》る天皇《すめ》らが命《みこと》、盧舎那《るしゃな》仏の大前《おおまえ》に奏賜《もうしたま》ふと奏《もう》さく」と述べ、天皇自身を「三宝の奴」と呼称している。これも前章で日本神話について考えてみたように、天皇が「祀る神」、すなわち集団を代表して守護神（この場合には盧舎那仏）を祭祀する任務を負う、その意味で宗教的性格をおびた存在であったことを想起すれば、それほど不自然なことではないとして理解できる。

なお、この大仏造営に関連して、行基《ぎょうき》の活動が注目される。行基(六六八―七四九年)は、民間で布《ふ》教活動を行い、また、その弟子である私度の僧らとともに、各地で道や橋を造り、また布施屋《せや》を設けるなどの社会事業を行っていたので、当然に僧尼令による統制の対象となるべき存在であり、実際にも養老元年(七一七)の詔では、「小僧《しょうそう》行基」とよんで、批難していた。ところが天平十年(七三八)になると、政府は行基を「大徳」として尊敬の意を表し、さらに同十七年には、大僧正に任命して、大仏建立に協力させている。それは一つには、行基のもとに土木工事などの技術者が集まっていたためであろうが、それればかりでもなく、やはり民衆の指導者としての行基の活動が、有意義なものとみられたことを示しているといえよう。

鑑真による戒律の伝来

唐の揚州の大明寺にいた鑑真《がんじん》は、戒律の学にすぐれ、日本の朝廷からの招請に応じて、日本への渡航を決意したが、海難に遭うこと五回、十二年の年月を費やして、六回目にようやく薩摩の坊津《ぼうのつ》の付近に到達し、その翌年、天平勝宝六年(七五四)に入京した。正式に僧となるためには、僧として守るべき戒律を師から授けられる「授戒」の儀式を行う必要があり、その師自身が正しい戒脈を伝えている人でなければならなかった。戒律に関する知識はすでに日本にもあったが、その意味で戒を伝える師となるべき人がいなかったのである。鑑真が困難を冒して日本へ行くことを決意したのも、そのためであった。

東大寺に戒壇を設立した鑑真は、その晩年を現在の唐招提寺の地で送り、ここで戒律に関する教育と研究に専念した。戒壇は、東大寺のほか、下野《しもつけ》(栃木県)の薬師寺と、九州の太宰府の観世音寺にも設置された。

奈良仏教の終末

聖武天皇のあと、その皇女である孝謙《こうけん》天皇が即位し、次の淳仁《じゅんにん》天皇が藤原仲麻呂の乱に連座して廃位されたのち、孝謙上皇が再び天皇の位に即《つ》いた。これが称徳《しょうとく》天皇であるが、深く仏教を信じた天皇は、僧である道鏡《どうきょう》を寵愛し、道鏡を太政大臣禅師という高い官職に任命したばかりではなく、次の天皇の位を道鏡に譲ろうとした。この企図は、九州の宇佐《うさ》八幡《はちまん》宮の神託によって阻止されたが、この事件のほかにも、称徳天皇が即位した際の大嘗祭(七六五年)の儀式には、前例を破って僧侶が参列していた。伝統的な神事である朝廷の儀式に、外来宗教である仏教の僧侶が参加することには、やはり当時の貴族たちの間に強い抵抗があったようである。この大嘗祭の際の天皇の宣命では、「神等《かみたち》をば三宝《ほとけ》より離《さ》けて不レ触物《ふれぬもの》ぞとなも、人の念《おも》ひてある」が、その必要はないと、異例の弁解をしている。このほかにも僧侶の堕落など、さまざまの要因が作用して、称徳天皇が没した宝亀元年（七七〇）を画期として、政治と仏教との関係が大きく変化するに至った。

第四章　漢風文化から国風文化へ

皇統の変化と政治改革

称徳天皇が没すると、後継者として称徳天皇の妹に当る井上内親王の夫である白壁王《しらかべ》が皇位に即いた。これが光仁《こうにん》天皇である。この夫妻の子である他戸《おさべ》親王が皇太子に立てられたが、まもなく皇后と皇太子は、天皇を呪ったという嫌疑をかけられ、幽閉されて死んだ。この結果、やはり光仁天皇の子であるが、渡来系の高野新笠《たかののにいかさ》を母とする山部《やまべ》親王が皇太子となった。のちの桓武《かんむ》天皇である。

奈良時代の天皇は、天武天皇の子孫ないしその妃(元明天皇)であったが、ここにおいて天武系は断絶し、天智天皇の孫(施基《しき》皇子の子)に当る光仁天皇の系統に、この後の天皇の位はうけつがれることとなった。いわば天武系から天智系への家系の変化である。光仁天皇と桓武天皇のもとで新しい政治の方針が採られたのは、もちろんひとつには、奈良時代末期の行きすぎた仏教尊信を是正する必要があったからではあるが、この家系の変化についての意識も、多分に作用していたとみられる。

のちに江戸時代になると、水戸藩で十七世紀中ごろから編纂を始めた『大日本史』では、この家系の変化を重要視し、これを中国風の歴史思想に基づく一種の革命とみなそうとした。中国の歴史上での革命は、天命を受けて王室となった家系(姓)が、他の家系に易《か》えられるという意味で、易姓《えきせい》革命とよばれる。日本では、天武系も天智系も、ともに天皇家(皇室)の分かれたものにすぎず、しかももともと天皇家に姓はないのであるから、易姓ということにはならないけれども、天命が革《あらた》まって、別の家系に王位が移ったとみれば、中国風の革命が、このときに起こったと考えられないことはない。ではその天武系の子孫が断絶した理由は、どこに求められるのであろうか。徳川光圀《みつくに》らの考えでは、それは壬申《じんしん》の乱によって皇位に即いた天武天皇が、近江《おうみ》朝廷に対し、反逆の罪を犯していたからであった。正統の近江朝廷に対し、理由なく叛乱を起こしたことは、道徳的に不正とみなされたのである。ただしこの際に、近江朝廷が正統の朝廷であるためには、天皇の存在が必要条件となるが、前年に天智天皇が没したあと皇太子の大友皇子が即位したかどうかは、唯一の史料である『日本書紀』には明記されていない。そこで光圀らは、後世の史料などに依って、大友皇子の即位を推定し、『大日本史』に「天皇大友紀」を立てた。明治維新後に、この主張が公式に認められて、現在の皇室系図では大友皇子は弘文天皇として記載されている。革命思想に基づいて推定された大友皇子の即位が、日本には革命はありえないとする立場の明治政府によって公認されたのは、皮肉なことである。

ともかく、父系制の中国社会では、家系の断絶を恐れ、また、「積善《せきぜん》の家には必ず余慶あり、積不善の家には、必ず余殃《おう》あり」(『易経』)というように、祖先の道徳的な善悪が、子孫に幸福や不幸をもたらすという「応報」の観念があり、易姓革命が正当化されるのも、その観念に基づいてであった。光仁天皇や桓武天皇も、かなり明確に革命と意識していたことは、光仁が桓武に譲位する年(七八一年)の年号を、「天応」と改めた点からもうかがわれるようである。この年は、中国の讖緯《しんい》説でいう辛酉《しんゆう》(かのととり)革命の年に当ってもいた。さらに同じく甲子《かっし》(きのえね)革令の年に当る延暦三年(七八四)に、長岡京《ながおか》への遷都が行われたのも、偶然ではあるまい(すでに『日本書紀』でも、神武天皇の即位を、同じ説に基づく辛酉の年の元日に設定しており、架空の年であるが、これを太陽暦で計算すると二月十一日に当るので、現在はこの日が建国記念の日と定められている)。ともかく天武系から天智系への変化にともなって、この桓武朝のころから中国風、すなわち漢風の文化の顕著な発展を見ることとなる。

長岡京から平安京へ

光仁天皇は、道鏡を下野国へ配流するなど、政界の粛正に努力し、ついで桓武天皇は、因襲にとらわれた平城京を離れるため、長岡京に都を移した。長岡の地は、現在の京都の西南に位置し、淀川に近い交通の要衝である。平城京は、河川の交通の面では不便であり、そのため難波《なにわ》（大阪）に都を移したこともあったが、長岡であれば、その不便が解消される。しかし長岡京は約十年間で放棄されて、現在の京都の地に平安京が造られることとなった。

この長岡京が放棄されるに至った理由の一つに、着工の翌年、建設の責任者であった藤原種継《たねつぐ》が暗殺されるという事件があり、しかも皇太弟の早良《さわら》親王が、その陰謀に関与していたと疑われ、皇太子の地位を奪われて、淡路へ流された。親王は無実を主張し、断食して船中で死亡したが、このあと皇后や、天皇の母である新笠らの死亡があいつぎ、また世間には疫病が流行したりしたので、これを早良親王の怨霊《おんりょう》の祟《たた》りとみる考え方が広まった。怨霊の観念が歴史上に現れるのは、ほぼこのころからであって、それが平安時代の宗教思想の一つの特色をなすこととなる。

伊勢神宮と石清水八幡宮

伊勢神宮の成立の由来については、さまざまな説があって確実なことは分らない。しかしそれが現在のように皇室の祖先である天照大神を祭る神社として、崇敬の対象とされたのが明らかなのは、七世紀末の天武朝のころからのようであり、同じ天武朝に、記紀神話の体系が構成されたことと、おそらく無関係ではあるまい。その皇祖神、すなわち家系上における天皇家の祖先としての神であるとする信仰は、平安時代の初期になると、中国における宗廟《そうびょう》の観念と結びつけられるようになった。

中国での宗廟とは、皇帝の父祖を祭祀するための施設であって、現在の北京《ペキン》の故宮、すなわち明・清の時代の皇城では、正門である天安門に向かって右側の一画、現在では労働人民文化宮とよばれて、展覧会などに使用されている部分がその遺構であるが、三棟からなる堂々たる建物と、広い前庭とがよく保存されている。ここで祖先を祭るのは、もとより皇帝とその一族だけに限られたことであって、現在はともかく、辛亥革命以前には一般の人民の立ち入れる場所ではなかった。ところで日本でも、伊勢神宮は皇室の宗廟であるから、一般の人々が捧げ物をすること(奉幣)は本来は禁止されていた、とする考え方が流布している。しかしこの説の根拠となっているのは、延暦二十三年(八〇四)に伊勢の内宮《ないくう》から提出された『皇太神宮儀式帳《こうたいじんぐうぎしきちょう》』の記載にすぎない。これは本来の伊勢神宮の制度というよりも、むしろ桓武朝になって宗廟という中国風の観念が導入された結果なのではあるまいか。実際にもこののち、伊勢参りは貴族や武士、さらに民衆へと広まっていった。

奈良時代に出現した宇佐の八幡宮も、その由来は明らかでなく、ただ八幡大菩薩とよばれるように、仏教と結合した神である点で、伊勢神宮とは異なっている。その八幡宮の分社として、貞観五年（八六三）のころ、僧である行教《ぎょうきょう》が男山《おとこやま》の上に石清水《いわしみず》八幡宮を創立した。このころまでには、八幡宮の祭神は、やはり天皇の祖先である応神天皇と考えられるようになっていたので、朝廷では伊勢神宮と併せて、「二所宗廟」とよんだりしたが、もともと行教による設立の当初から、霊験《れいげん》を期待する一般の民衆の参詣も盛んであって、その状況はその後も変らなかった。この男山は、淀川をはさんで山崎の天王山《てんのうざん》と相対し、南から京都に入る要害の地であるとともに、京都の鬼門である東北の方角に延暦寺が設けられたのに対応して、いわゆる裏鬼門の守護神として機能していたともいえよう。

天を祭る儀式と渡来人

「天」を宗教的権威として尊崇するのは、中国の伝統的観念であって、歴代の王朝の皇帝は、その年の五穀豊穣を祈るために、天を祭る儀式を行ってきた。現在の北京の故宮の南の方にある天壇は、壮麗な建造物で、よく知られている。日本には「天」に対する右のような信仰の伝統はないが、桓武天皇は延暦四年（七八五）に河内の交野《かたの》の柏原で、この祭天の儀式を行った。

天皇自身ではなく、重臣藤原継縄《つぐただ》を派遣して行ったらしく、その点で略式ではあるが、交野の地は長岡京の南方(「南郊」)に当り、また冬至の日を選んでいる点からも、中国の模倣であることは確かである。ただしこの交野での郊祀《こうし》は、二年後の延暦六年と、文徳天皇のとき(八五六年)とに行われた記録があるだけで、宗教儀礼としては定着しなかった。

この交野の付近はまた、百済王氏(「王《こにきし》」は姓《かばね》)とよばれる渡来人が多く住んでいた所である点が注目される。郊祀という外国の儀式を模倣するに際しては、当然ながら大陸からの渡来人の協力が必要であった。さきにふれた弥生人の渡来以後にも、とくに四世紀から八世紀にかけて、大陸での政治情勢の変動などにともない、日本に渡来した人々はかなりの多数に達し、帰化人ともよばれる。しかしこれらの人々も、しだいに日本社会にとけこんでいった。

しかし大陸文化の模倣にも限界があった。光仁天皇は桓武天皇に譲位した年(七八一年)の年末に没したが、桓武天皇は、その喪《も》に服する期間を、はじめ六カ月、ついで一年間と定めたが、このことは貴族らの反撥を招いた。もともと中国の儒教の思想では、父の喪は三年間(足かけ三年であるから、実質は二年余り)と定められており、それに比べれば一年は短期間であるが、それでも一年間にわたって凶礼がつづくと、朝廷の神事(吉礼)を実施しがたく、伊勢神宮などの祟《たた》りが頻発している、と批難されたため、天皇も約八カ月で服喪を終らざるをえなかったのである。称徳天皇の時、大嘗祭に仏僧の参列したことが違和感を生じたのと同様に、儒教の礼法も、伝統的な朝廷や神社の儀式とは矛盾したのである。ここにおいて、大陸文化の影響を強く受けながらも、日本独自の宗教的伝統とでもいうべきものが、このころから自覚されるようになる。これがのちの神道《しんとう》の始まりである。

さらにまた、平安京の地域にも、古くから住んでいた賀茂氏（その氏神が上賀茂と下賀茂との両社である）とならんで、渡来人である秦《はた》氏の勢力が拡がっていた。京都の西方、太秦《うずまさ》の地にある広隆寺は、その氏寺であって、本尊の弥勒《みろく》菩薩は、半伽《はんか》思惟《しゆい》像の傑作として知られている。京都の南の伏見にある稲荷《いなり》神社は、全国各地にある稲荷社の本社であるが、これも秦氏によって創設された神社であった。稲荷が豊作と幸福とを祈願する神として、広く信仰されるようになったのも、渡来人である秦氏が経済力にすぐれていたことと関係があるのであろう。

漢風文化と貴族社会

桓武天皇が、このように渡来人と密接な関係をもち、また中国文化の導入に熱心であったことにより、さらに律令体制のもとでは、儒学を中心とした中国文化の教養が、高級官僚である貴族たちには必要とされたこともあって、平安時代の初期である九世紀の前半には、朝廷を中心に漢詩文の制作が盛んとなり、『凌雲集《りょううん》』『文華秀麗集《ぶんかしゅうれい》』『経国集《けいこく》』と題された三つの勅撰集や、僧空海の『性霊集《しょうりょう》』など、多くの詩文集が編纂されている。

朝廷での儀式や、また学芸に関して、中国文化の影響が強くなったことは、確かにこの時代の特色であるが、宗教的儀礼に関してまで外来文化の模倣が試みられたのは、なぜであろうか。その背景には、天皇家の家系についての意識の変化という、社会的要因があったと考えられる。天智系にふさわしく、桓武天皇は自己の祖先を、天智―施基皇子―光仁という、父から子への直系の継承とみなしていた。それは国忌《こき》すなわち国家の君主である天皇の祖先の命日には、政務を休んで仏事を修める、という制度の上に現れている。この制度は七世紀末からあったが、光仁・桓武以降は、右の直系の祖先だけが主となる。それでも光仁・桓武・平城《へいぜい》の三代は、聖武天皇をそこに加えていたが、嵯峨《さが》天皇からは、まったく天智系のみとなり、この形がそれ以降の歴代に受けつがれてゆく。これはさきに見た氏《うじ》の系譜のうち、一系系譜と似ているが、一系系譜が族長の地位(この場合は天皇の位)の継承を示したものとすれば、天武以下奈良時代の天皇を無視している点で、それとも異なる。むしろ中国風の父系家族の系譜に近く、実際にもそのような意図がはたらいていたのであろう。それは天皇と国家との関係が変化したことを意味している。かつて聖武天皇は、共同体的性格をもつ国家の再生をめざして大仏を造営したが、その場合には、天皇と国家とは、いわば一体であった。しかし平安時代初期の天皇は、中国風の律令制度を強化することに国政の重点を置き、天皇家そのものは、中国風の一姓支配ではないにしても、それに似た血縁家族としての性格を明確にしつつあったのであろう。それはさきに見た義江明子氏の研究において、八世紀後半に氏の族長の一族が、本来の基盤である地域社会から遊離しつつあったことが指摘されていたのと、類似した状況であるように思われる。そしてその段階において、氏の一族の守護神としての氏神に対する崇拝が生れたとされていたのと同様に、平安初期の天皇家も、その氏神に相当するものを必要としていた。郊祀すなわち祭天の儀礼が試みられたのも、そのためであろうが、それは定着せず、その代りに祖先神である伊勢神宮などに対する崇拝が、この時期から重んじられるようになった、と考えられる。

天皇家が父系重視の意識をもったからといって、その家族制度が父系に変化したわけではない。確かにこれ以後、江戸時代初期に至るまで、女性が天皇になることはなくなったが、その代りに九歳で即位した（八五八年）清和天皇のような幼帝が現れる。むしろ純粋な血縁家族となったことにより、天皇家の系譜は、古来の伝統である双系制の性格を明瞭に示すこととなった。すなわち天皇の母方に当る父祖（主に藤原氏）が、政治上の実権を掌握する、いわゆる摂関《せっかん》政治への移行である。

摂関政治と女流文学

平城京から平安京へ移ったことにより、古来の有力な氏は、出身地である大和などの社会基盤から離れ、その朝廷での地位も中級以下になった。これに代って上級の地位を占めたのが、のちに源平藤橘《げんぺいとうきつ》とよばれる四つの氏である。藤原氏は、天智天皇の時に中臣鎌足《なかとみのかまたり》が賜った氏の名であり、橘《たちばな》氏は、奈良時代の初めに藤原不比等《ふひと》の後妻で光明皇后を生んだ県犬養《あがたのいぬかい》三千代が元明天皇から賜ったもの、また、源氏と平氏は、桓武天皇以降の皇子が臣籍に下る際に授けられた氏の名で、いずれも新しい氏であるとともに、七世紀以前の氏とは異なって、純然たる都市貴族であり、同様な性格をもつようになった天皇家とともに、平安京の貴族社会を形成した。

このうち藤原氏が、天皇家との姻戚関係により有利な地位を占めるようになったのは、すでに奈良時代に前記の不比等が、前妻の子である宮子を文武天皇の妃とし、その間に生れた聖武天皇の皇后に光明子(安宿媛《あすかべひめ》)を入れていたことによるのであろう。やがて幼帝清和天皇が即位すると、天皇の母明子の父である藤原良房《よしふさ》が、太政大臣として天皇の後見人となり、さらに摂政として政治の全権を委ねられた。ついで良房の兄の子である基経《もとつね》は、同様に陽成・光孝・宇多の三代の天皇を補佐して、関白とよばれた。こののち、天皇が幼少である時は摂政、成年の天皇の場合は関白として、朝廷の政治の実権を掌握する体制が、中断や変化はありながらも、十一世紀半ばまでつづき、これを摂関政治とよぶのである。

皇子や皇女をはじめ、当時の貴人の子は、母の実家で生れ、母方の家族とともに成長した。そのことが母方の家族との人間関係を密接なものとし、皇子が天皇として即位した後では、とくに母の父(母方の祖父)に、天皇の後見人としての役割が期待された、というのが、摂関政治の成立についての普通の説明である。ではどうして皇子らは、母方で育てられたのであろうか。これを原始時代の母系制の残存とみるのが、高群逸枝氏の説であって、母系家族の中に婿として男を招き入れる、という意味で、これを招婿婚《しょうせいこん》などと呼称している。天皇は招かれたり通ったりすることはないが、一般の貴族が妻と同居せず、妻の家に通う形での結婚を続けていたことは事実である。しかしこの説に対しては、鷲見等曜《すみとうよう》氏による批判があり、母系制ならば許されないような同一母系内での近親婚がしばしば見られること、また母系の大家族などは実際には存在しないこと、などを史料に基づいて論証するとともに、母系でも父系でもなく、双系制として理解するのが妥当であるとしている。双系制の社会では、女子にも相続財産が分与され、それはその女子個人の所有物となる。平安時代の貴族は、多くの邸宅を持っているのが普通であったから、その一つを相続した女性は、そこに夫を迎え、子を育てることとなるが、一夫多妻が許されているから、妻が夫との同居を望んでも、なかなか実現しない。『蜻蛉《かげろう》日記』の著者が、藤原兼家の来訪を待ちわびながら、子の道綱を育てているのは、その具体例である。なお、母方の親族を外戚《がいせき》とよび、母の父を外祖父と言ったりするのは、中国の父系制に基づく表現であって、父系制の場合は、妻や母の一族は、正規の親族とはみなされないから、「外」を付けるのであるが、双系制の社会では、そのような区別はなく、そのことにより摂関政治が成立したのである。

摂関政治の中でも、良房・基経に始まる前期と、十世紀末の兼家から道長・頼通《よりみち》に至る後期とが区分される。吉川真司氏によれば、前期の摂関は、太政大臣の職務から派生したもので、なお律令制度の範囲の中にあったのに対し、後期はむしろ中世の国家制度につながる、という。この変化を、社会組織の面から見ると、「氏」の組織を基本とした社会から、「家」の組織の展開へという過程が、この間に進行しつつあった、と考えることができるのではあるまいか。

摂関政治の時代は、いわゆる国風文化の栄えた時代でもあった。仮名の発達によって、日本語で歌や文章を表現することが容易になり、それまでの漢詩文の集に代って、『古今和歌集』（九〇五年）が、最初の勅撰の和歌集として編集された。こののち、『土佐日記』や『竹取物語』

をはじめ、各種の文芸作品が生れたが、その中でも今日まで広く読みつがれているものとして、前記の『蜻蛉日記』と、紫式部の『源氏物語』、また清少納言の『枕草子』などがあり、いずれも女性の手に成っていることが注目される。その理由としては、一つには、仮名が主として女子の用いる文字と考えられていたこと、第二に、摂関政治のもとでは、天皇の母となる皇后や中宮らが、政治上に重要な役割を担うとともに、その父祖である摂関の権威を背景とすることにより、華やかな後宮の社交的世界を形づくったこと、などが考えられよう。その皇后らに仕える女房たちにも、高度の教養が必要とされた。しかしこれらは、いわば外的な条件にすぎない。

『源氏物語』がすぐれた文学作品となった理由を求めて、「蛍」の巻に記された物語論に注目されたのは、阿部秋生氏である。もとより紫式部自身の意見としてではなく、作中の人物の言葉であるが、「よきもあしきも、世にふる人のありさまの、みるにもあかずきくにもあまることを、後の世にもいひつたへさせまほしきふしぶしを、心にこめがたくて、いひおきはじめたるなり」とあるのは、要するに人生の真実を表現しようとする意図である。これに関連して、その人生の真実を、虚構の物語として表現した点には、『法華経』にいう「方便《ほうべん》」の思想が作用していること、また、「物のあはれ」を表現するところにこの物語の主眼があったとする本居宣長の説は誤っていること、などを阿部氏は論じておられる。このような人生の真実への強い関心は、『蜻蛉日記』の序文の中で、古物語など「世に多かるそらごと」ではない日記を綴る、と述べられていたのに通ずるものであろう。

しかし人生の真実といっても、さまざまである。紫式部や道綱母にとって、最大の関心事は何であったのか。中流貴族の出身で、「家」が形成される過渡期に生きた彼女たちには、自己の出自にかかわらず、夫との結びつきによる安定した社会的地位への願望があったのであろうとの趣旨を、脇田晴子氏が女性史の立場から述べておられるのが注目される。光源氏の愛妻であった紫上が、有力な保護者をもたなかったために、やがて女三宮に正妻の地位を奪われる、という悲運の物語には、それが示されているといえるのであろうか。

怨霊の鎮魂と陵墓の祭祀

不幸な死をとげた人の霊魂が、その祟《たた》りとして、疫病の流行や火災・落雷などの変災をもたらすと考え、その霊魂、すなわち怨霊《おんりょう》を鎮めるための祭祀を行うようになったのも、平安時代に入ってからのことであった。それは一面では、平安京という巨大な都市の生活にともなう流行病などの不安の表れであり、また一面からすれば、仏教の普及により、死者の霊魂の存在が信じられるようになったことと関係があろう。

怨霊として最初に恐怖の対象となったのが早良親王であったことは、すでにふれた。そのほかにも桓武天皇の皇子で、自殺した伊予親王とその母をはじめ、政治上の理由で変死した人々が八人あるとされ、これを八所《はっしょ》の御霊《ごりょう》とよんで、その鎮魂のための儀式が行われるようになった。その最初は、貞観五年(八六三)に、平安宮の東南にある神泉苑《しんせんえん》で行われた御霊会《ごりょうえ》であり、読経とともに、歌舞や相撲などが催されたという。怨霊となったとされるのが、皇族や貴族であるにもかかわらず、この御霊会に民衆も多く参加していたと伝えられる点に、やはり日本の宗教の特色がうかがわれる。やがてこの八所御霊を祀る神社(上《かみ》御霊社)が設けられた。また貞観十八年に創立された祇園社では、祇園御霊会が行われ、現在の祇園祭りにつながっている。もともと祇園社は、インドの祇園精舎(精舎は寺の意味)を守護する牛頭《ごず》天王を祭神とする神社であって、怨霊にせよ、牛頭天王にせよ、恐ろしい威力をもつだけに、それに相応した力で人々の生活を守護してくれると信じられたのである。木曾川下流の津島(愛知県)をはじめ、各地にある天王社も、同じ牛頭天王を祀り、疫病除けの神として信仰されている。延喜元年(九〇一)に藤原時平と対立して太宰府に流され、二年後に没した菅原道真が、やはり怨霊となって落雷など災厄をもたらしたと信ぜられ、やがて火雷《からい》天神(のち天満大自在天神)として、京都の北野に祀られたのも、同様である。

このような新しい神々に対する信仰に比べると、祖先祭祀についての関心は、一般にはむしろ稀薄であった。桓武天皇は、「孝」を道徳の基本とする中国の観念に基づいて、父の光仁天皇をはじめ、祖先に対する祭祀を重んじ、やがて九世紀の中ごろには、十陵四墓(のち八墓)に対して、年末に荷前使《のさきのつかい》を派遣して奉幣する制度が作られた。この十陵の最初に置かれたのは、天智天皇の山階陵《やましなのみささぎ》(京都市)である。しかしこの荷前使に任命された貴族たちも、墓参を不吉として嫌ったため、必ずしも忠実にはその職務を果たさず、このような動向の中で、右の十陵以前の古墳がどの天皇や皇后らの陵墓であるのかは、すでにこの九世紀のころには不明になりつつあったようである。

第五章　平安時代の仏教

奈良仏教と平安仏教

奈良時代の仏教は、平安京に対して南都とよばれるようになったもとの平城京の仏教の意味で、南都の仏教、あるいは南都六宗とよばれる。六宗とは、三論・成実《じょうじつ》・法相《ほっそう》・倶舎《くしゃ》・律・華《け》厳《ごん》の六つを指すが、これらは、後年の仏教の宗派とは異なり、むしろ学派というのにふさわしい性格のものであった。つまり仏教に関する学問の上での区別にすぎない。しかも、たとえば三論宗は、『中論』と『百論』『十二門論』とを根拠とした宗派であり、また成実宗は、『成実論』を、法相宗は『成唯識《じょうゆいしき》論』を、また倶舎宗は『倶舎論』を、というように、それぞれ特定の「論」書を、その根拠として成立していた。仏教の経典は、大別すると、経《きょう》・律・論の三つに分けられるが、そのうち経が、仏陀の言葉を記録したものとされる（実際には、必ずしも釈迦の言葉を直接に伝えているとは限らず、その後に編集されたものもあり、とくにいわゆる大乗仏典の中には、その後に作られた「経」と推定されるものも多いが、広い意味での仏陀の思想を伝えたものとして、これらも「経」に含まれる）のに対し、律は、戒律すなわち僧らの守るべき規律についての書であり、また「論」は、その仏陀の思想に関する解釈の議論である。「論」は仏教の理解のために重要な文献ではあるが、「経」に比べれば二次的な資料にすぎない。それらを根拠とした宗派が多かった点にも、学問仏教としての奈良仏教の性格が示されている、といえよう。

これに対し、平安仏教の特色は、仏教を単なる知識としてではなく、宗教的な実践のための指針として受容しようとした点にあったと考えられる。すでに奈良時代から、このような実践的精神に基づき、都の寺院を離れて、山林の中でひとり思索や修行に努力することをめざした人々があり、道鏡が権威をふるったころの政府では、このような山林修行を禁止する法令を下したりしていた。しかし平安仏教への新しい道を開いた最澄《さいちょう》(伝教大師)と空海《くうかい》(弘法大師)との二人は、まさにこの山林での修行者として、それぞれの若き日を過ごしていたのである。

最澄と天台宗

最澄(七六六―八二二年)は、近江の滋賀郡古市《ふるいち》の出身で、この地域には渡来人が多く居住しており、最澄の家もその系統である可能性がある。十九歳のとき、東大寺で受戒し、その後、比叡山の草庵にこもって修行に努めた。延暦二十三年(八〇四)に、遣唐使の一行に加わって渡唐し、天台山を中心に、主として天台宗を学び、約八ヵ月の滞在ののち帰国した。天台宗は、隋代の智顗《ちぎ》によって確立された宗派で、『法華経』すなわち『妙法蓮華経』を基本とする。それとともに最澄は、戒・禅・密の三つの教えを伝来した。戒は戒律、禅は後の禅宗の禅、密は密教であり、当時の唐での仏教界の風潮を反映しているのであろう。

最澄は桓武天皇の信任を得て、比叡山(のちの延暦寺)を根拠に、弟子の養成などに努めたが、その活動の中でもとくに注目されるのは、仏性《ぶっしょう》論争と大乗戒壇設立の運動とである。

仏性論争とは、奥州の会津の恵日《えにち》寺にいた法相宗の僧徳一との文書を通じての論争である。この論争の主たる対立点は、最澄の一乗《いちじょう》の思想に対し、徳一が五性各別《ごしょうかくべつ》を主張したところにあった。一乗(あるいは大乗)の「乗」とは、文字通りに乗り物を意味し、仏の世界に到達するための乗り物(方法)は、一つであること、すなわち人間は誰でも、学んで努力すれば、仏陀の教えた悟りの境地に入ることができるとするのが、最澄の立場であった。「一切皆成《かいじょう》」、すなわち誰でも成仏《じょうぶつ》(悟りの境地に到達すること)できるとも表現される。

これに対し、徳一の法相宗の立場では、人には生れつき、声聞定性《しょうもんじょうしょう》・縁覚《えんがく》定性・菩薩定性・不定性《ふじょう》・無種《むしゅ》性の、五種類の区別があって、そのうち無種性に分類された人々は、いかに努力しようとも、悟りに到達することは不可能である。この論争は、決着がついたというものではないが、仏の教えの前においては人はすべて平等であるとする、最澄の考え方がよく示されている。

次に大乗戒壇の設立とは、晩年の最澄が力を注いだもので、南都東大寺の戒壇に対し、独立した戒壇を比叡山に設けようと計画し、朝廷に出願した。もともと鑑真によって伝えられた戒は、『四分律《しぶんりつ》』に基づく二百五十戒であって、その数からも推測される通り、専門の僧侶でなければ、これを忠実に守ることは困難な性質のものであった。これに対し、『華厳経』の系統に属する『梵網経《ぼんもう》』で説く十重四十八軽戒は、はるかに戒律としてはゆるやかなもので、最澄はこれで十分であると考え、これを僧侶の世界だけに通用する戒（大乗仏教の立場から批判的に見れば小乗戒）に対し、大乗戒と称したのである。鑑真自身も、聖武上皇らに対しては『梵網経』の戒を授けていたといわれるから、この区別はすでに意識されていたとしても、最澄が大乗戒だけで十分であると考え、そのための儀式を行う戒壇の設立を計画したのは、大陸仏教にはみられない独自な行動であり、そこに平安仏教の特色がよく示されているともいえよう。

それは単に平安仏教の特色というよりも、日本仏教の特色とすべき点であって、『梵網経』による戒の中でも、重い戒とされる十重戒の中には、殺生《せっしょう》、偸盗《ちゅうとう》、邪淫《じゃいん》、などを禁ずる戒とならんで、酒を沽《う》る（売る）ことや、三宝（仏教）を謗《そし》ることの禁が含まれており、これらは僧侶よりも、俗人にこそふさわしい禁戒である。つまり最澄の考えた戒とは、僧俗の区別なく、社会人として誰でもが守ることのできる戒律であり、戒律の形式よりも、仏教を信ずる者として守るべき精神の方に重点を置いたものといえる。このように形式よりも精神を重視する傾向が、やがて鎌倉仏教に結晶することとなるのである。

戒の内容とともに、授戒の儀式についても、最澄は簡素化をはかった。本来はこの儀式には、戒和上《わじょう》（和上は敬称）を中心とする三師と、七人の証師との、三師七証《さんししちしょう》とよばれる十人の高僧の立会いが必要とされるが、最澄は、釈迦仏を戒和上、文殊・弥勒の二菩薩を他の二師とし（いずれも仏像）、七証には、十方一切《じっぽういっさい》の諸仏、すなわち目には見えないが、世界にあまねく存在する仏たちが、証明者となる、とした。したがって授戒の儀式には、伝戒の師ひとりが居ればよく、さらにそれさえ居ない場合には、仏像の前で自ら戒を守ることを誓えば、それで受戒したことになる、ともされる。この自由な考え方は、当然ながら東大寺を中心とした南都の僧綱の反対に直面し、これに対し最澄は、『顕戒《けんかい》論』を朝廷に提出して、自己の主張の根拠を明らかにした。ただし同時に著した『山家学生式《さんげがくしょうしき》』の中では、受戒した僧らに十二年間、山に籠《こも》って修行することを要求しており、決して安易な生き方を許容したわけではない。この最澄の主張は、弘仁十三年（八二二）に最澄が没した七日後にようやく朝廷で承認され、さらに四年後に比叡山に戒壇を設立することが許された。

現在の延暦寺にも戒壇院があるが、これが最澄の意図をそのまま具現しているかどうかについては、いくらかの疑問がある。それは江戸時代の比叡山で、安楽律院を中心に、戒律復興の運動が起こり、やがてこれが一山の主流をなして、現在に至っているからである。この復興された戒律とは、すなわち『四分律』の二百五十戒である。

空海と真言宗

空海（七七四―八三五年）は、讃岐《さぬき》国多度郡弘田の出身で、家系は国造《くにのみやつこ》の系譜をひく豪族である。はじめ官僚になることをめざして、平城京の大学で儒学を学んだが、やがて仏門に入り、四国の山林で苦行を重ねた。そのため正式の僧となったのは、かなり遅く、延暦二十三年（八〇四）、最澄と同じ時に入唐する直前に受戒したようである。しかし唐に渡ってからは、都の長安に行き、約二年間ここに滞在して、最新の仏教、とくに密教を本格的に学んだ。密教は、七世紀ごろインドで興り、八世紀初頭に中国に伝えられたが、それを伝えた一人である不空の弟子の恵果《けいか》に、空海は長安の青竜寺で師事したのである。八〇六年に帰国後、しばらく九州にとどまり、三年後に入京し、嵯峨《さが》天皇のもとで、漢詩文や書など、文人として貴族社会で活動するとともに、真言宗を建て、やがて朝廷の許可を得て、高野山《こうやさん》（のち金剛峯寺《こんごうぶじ》）を修行の場所として与えられた。真言宗は、密教の別名であるが、中国には真言宗という宗派はない。口に真言(陀羅尼《だらに》)を唱え、身に印契《いんけい》を結び、心を三昧《さんまい》(精神集中の状態)に住せしめることによって「即身成仏」、すなわち自己と仏との一体化を直接的な体験として実現することが、真言密教のめざす所であって、実践的な仏教であることをめざした平安仏教の、一つの解決の方法であったといえよう。しかしそれは同時に、秘密の儀式によって災厄を免れ、また幸福を招来しようとする、祈禱《きとう》仏教に堕落する危険性をはらんでもいた。

確信を抱いて帰国した空海に比べると、最澄はいわば試行錯誤を重ねていたといえよう。密教についての知識が不十分であることを自覚していた最澄は、空海から学ぼうとし、はじめは両者の関係は良好であったが、弘仁四年(八一三)に最澄が『理趣《りしゅ》経釈』という本を貸してほしいと頼んだのに対し、同書を中国から持ち帰った空海は、これを「法を盗む」ものとしてきびしく批難する書状を送ったため、以後は交渉が断絶した。

空海には、儒・仏・道の三教を比較して、仏教がすぐれていることを述べた『三教指帰《さんごうしいき》』や、また、人の精神的境地を十の段階に分類して、密教をその最高の段階に位置づけた『十住心《じゅうじゅうしん》論《ろん》』などの著述があり、また、朝廷や貴族の間に多くの同調者を獲得して、本来は官寺である平安京の東寺を、その勢力下に置き、また南都の東大寺などの行法《ぎょう》にも影響を及ぼした。空海が仏教、とくに密教に関して、すぐれた見識をもっていたことは認めなければならないが、旧仏教との関係からすれば、最澄が法相宗（藤原氏の氏寺である興福寺の宗派）の徳一と論争し、また戒壇設立をめぐって僧綱と対立するなど、革新的な態度を貫こうとしていたのに対し、空海はむしろ妥協的であった。最澄が理想主義者であったとすれば、空海は現実主義者であったともいえよう。このこととの結果として、平安時代中期以降の貴族社会では、真言宗の影響力が大きかったのに対し、次の時代の新仏教、すなわち鎌倉仏教の諸宗派は、いずれも天台宗の影響のもとに成長した点が注目される。

台密と天台本覚論

密教の研究は、比叡山でも進み、最澄ののち、円仁《えんにん》（七九四―八六四年）と円珍《えんちん》（八一四―八九一年）らが、それぞれ唐に渡って、本格的に密教を学んで来た。東寺を中心とした真言密教が、東密とよばれるのに対し、天台密教は台密と総称される。

やがてこのような天台密教の発展の結果として、平安時代末期から鎌倉時代にかけて、独特の密教の思想が生れた。それが天台本覚論《ほんがく》とよばれるもので、日本人による仏教理解の特色が、そこによく示されている。

本覚論とは何かを考えるために、ここで仏教の歴史と、中国仏教の理論について、概略のことを述べておきたい。インドで成立した仏教は、中国・朝鮮・日本、またチベットに伝わった北伝の系統と、スリランカや東南アジアに伝わる南伝の系統とに大別されるが、前者の主流をなしたのが、大乗仏教であり、その立場からは後者を小乗仏教とよぶが、これは価値観に基づく呼称なので、現在では南伝の仏教は、一般に上座部仏教とよばれている。ところで、北伝の仏教の中でも、中国では隋・唐の時代を中心に、天台宗と華厳宗とによって代表される、すぐれた仏教理論の発展をみた。華厳宗自体は、あまり繁栄しなかったが、のちの禅宗の理論的根拠をなした点で重要である。その華厳宗では、四《し》法界《ほっかい》として、人の心のあり方を四つに分けている。まず事《じ》法界とは、現実に捉われて生きる普通の人の心であり、その現実は、諸行無常の空しいものと知るのが、理《り》法界である。しかしそこにとどまるのではなく、再び現実の世界にもどって、空しさを知った上での捉われない生き方をするのが、理事無礙《りじむげ》法界であり、さらにその原理としての空しさを意識することなしに、現実のままに自由な心で生きるのが、事々無《じじむ》礙《げ》法界である。天台宗でいう空《くう》・仮《け》・中《ちゅう》の三諦《たい》も、表現は異なるが、同じような考え方を示している。現実を空と見るのも、一つの観念（仮《かり》のもの）であることを知り、その両者を超えた「中」の境地をめざそうとするのである。

天台本覚論は、この「中」の思想の発展であり、華厳宗の事々無礙法界にも、考え方の上で通じている。すなわちすべての現実は、現実のありのままの姿で、仏の世界を具現しているのであり、したがって人は、修行を積んで仏になるのではなく、もともと仏なのであって、ただそのことを自覚していないだけなのである、とする思想である。この本覚の思想に対し、段階をふんで悟り(覚り)の境地に到達しようとする考え方は、始《し》覚とよばれる。この思想の由来は、前記のような中国仏教の理論にあり、始覚と本覚という語も、中国で広く読まれた『大乗起信論《だいじようきしんろん》』に、その出典がある。しかしこの考え方を徹底させて、「草木国土悉皆成仏《そうもくこくどしつかいじようぶつ》」と言い、さらには「草木成仏」ではなく、「草木不成仏」の方が正しいとまで主張するようになったのは、やはり日本天台の独特の思想である。「成仏」といえば、仏に成るという過程が予想されるが、その必要さえもなく、ありのままで仏であるとするのが、「草木不成仏」の意味であった。つまり、「即身成仏」ではなく、「即身即仏」なのである。このような本覚思想の影響が、次の時代の鎌倉仏教の上に、どのように現れているかを次章で考えてゆくこととしたい。

第六章　鎌倉仏教の成立

古代から中世へ

鎌倉幕府の成立については、文治元年(一一八五)に源頼朝が朝廷から守護・地頭の諸国への設置を認められた時とするか、建久三年(一一九二)に頼朝が征夷大将軍に任命された時とするかについては、説が分かれているが、ともかくこのころに新しい武家政権の成立をみたのは事実であり、この時期を区分点として、平安時代と鎌倉時代、もっと広い視点からすれば、古代と中世とを分けるのが、日本史の通念となっている。しかし武家政権の独立は、確かに重大な事件ではあったが、そこに至る過程を検討してみると、一挙に変化が生じたわけではなく、むしろそれ以前から進行しつつあった社会的・政治的変動が、そのような結果をもたらしたのであって、もっと早い時期から、すなわち十一世紀末ないし十二世紀初頭以後の政治や社会の動きを視野に入れるのでなければ、この変動の意味を正しく理解することはできないと考えられる。そのようにみれば、十二世紀の全体が、大きな社会変動の時代であった。

政治上では、それは院政の時代から、平氏政権の時代を経て、鎌倉幕府の成立に至るという形をとった。摂関政治は、藤原氏の娘が皇后や中宮となり、その皇子が次の天皇になるという、かなり偶然的な要素の多い条件の上に成立したものであったから、永続性という点では不安定であった。これに対し院政は、天皇の母方である摂関に対し、父方の父祖である上皇（退位後の天皇。後院《ご》とよばれる別邸に居住したので、院とよぶ）または出家した法皇が、それまでの摂関とほぼ同様な政治上の実権をもつという政治制度であるから、摂関政治と連続したもののように見える。院政を始めたのは、白河上皇であって、子の堀河天皇に譲位した一〇八六年から、さらに孫の鳥羽天皇と次の崇徳天皇の一一二九年まで、院政を行った。ついで鳥羽上皇の院政（一一二九―五六年）から、後白河上皇へとつづく。この間、院政を行う上皇（または法皇）は、「治《ち》天《てん》の君《きみ》」とよばれた。天下を統治するのは天皇の職務であるが、それが院に移り、さらに院には、多くの荘園が寄進されて、莫大な富が集まるようになった。

このことは、天皇家における「家」の成立と解釈することができる。その意味では、これまで使用してきた天皇家という表現は不正確であって、この時から天皇一族の「家」が生れたのである。ここでいう「家」とは、このころ以降の日本の社会の単位をなす組織であって、家業をもち、家産を所有するが、必ずしも血縁団体ではなく、養子や奉公人などを包括した協同の組織を指す。それまでの天皇は、国家の君主として富も権力も持っていたが、それは私有財産や私的な権力ではなく、すべてが公的な性格のものであった。しかし今や、天皇の一族は、その権力の実質を院に移し、さらにその院に財産を集積することにより、私的な「家」としての性格を具えることとなったのである。これにつづいて、摂関を出していた藤原氏の一族でも、十二世紀末のころから、近衛家と九条家、さらに鷹司・一条・二条の三家を加えた、いわゆる五摂家の成立をみることとなる。

このような「家」の形成は、天皇や藤原氏に限らず、この時代の社会に広くみられる現象であって、その意味では、十二世紀を画期とする古代から中世への移行は、「氏」の時代から、「家」の時代への移行として理解することができる。新しく台頭した武士の社会が、御家人といい、家来というように、「家」の組織で構成されていたことは、改めていうまでもない。ただし一般の庶民の間でまで「家」の形成がみられるのは、やや遅れて十四、五世紀のころであり、その結果として全面的に「家」を単位とした近世の社会の成立をみることとなる。その意味では、十二世紀から十五世紀にかけての中世とは、「家」の形成にともなう社会変動の時代であったともいえよう。

ところで、その「家」の形成が始まった十二世紀のころから、いわば「家」の原理に基づく新しい文化の発展があったことに注目しなければならない。「家」の原理とは何か。古代のいるが、共同体的な性格をもつ社会組織であった点では共通している。地方豪族のヤケを基礎とした「氏」に比べると、家業のために協力する「家」の方が、成員の平等性と、それに基づく自発性という点で、一歩進んでいたとみることができるように思われる。「家」は、それを構成する人々が、血縁の有無にかかわらず、相互に信頼し、その家業のために必要な役割を、それぞれが分担して遂行することにより、永続性を目指そうとする組織であった。武士の家の主従の関係には、その信頼の関係が明確に示されている。この信頼という人間関係と、それに基づく職分(役割)の遂行とが、「家」の原理であったとすれば、「信」と「行《ぎょう》」とを基本とした鎌倉仏教は、その原理の宗教的表現であったといえるのではあるまいか。

鎌倉仏教の歴史的意義

鎌倉時代を中心に、多くのすぐれた僧が現れて、それぞれ独創的な教義の体系と、その実践の方法とを確立し、その後の時代に大きな影響を及ぼした。これらを総称して、普通に鎌倉仏教とよんでいるが、その中には多様なものが含まれる。法然《ほうねん》・親鸞《しんらん》・一遍《いっぺん》らによって代表される浄土信仰(浄土教)の系統に属するもの、栄西《えいさい》・道元《どうげん》らに代表される禅宗の系統、また独自の主張を唱えた日蓮《にちれん》などが、それであり、これらはその独創性により、天台・真言などの旧仏教に対し、新仏教とも総称される。これらとともに、旧仏教の諸宗派の内部からも、革新をめざす運動が起こり、とくに奈良の西大寺を中心とした律宗の復興などが注目される。

これらいわゆる鎌倉仏教は、前章で見た平安仏教が、実践の仏教、すなわち単なる知識ではなく、実際に人間として生きてゆく上で役立つ仏教であろうとし、そのためのいわば試行錯誤を重ねてきていたとすれば、その努力の過程の到達点、すなわち本当の意味での実践の仏教として、実を結んだものであったといえよう。その到達点は一つではなく、さまざまな解決の方式があったが、ともかくこれにより、外来宗教であった仏教が、日本人の実生活と結びついた点では共通している。新仏教の諸宗派が、そののち十四世紀から十六世紀にかけて民間に普及し、それぞれ大きな教団を形成するとともに、現代に至る日本人の大多数の宗教生活の拠りどころとなっているのが、その事実を何よりもよく示している。

浄土信仰の源流と源信

阿弥陀仏を信仰することにより、極楽浄土に生れ変ろうとする考え方は、インドにおける大乗仏教の中で生れ、中国で六世紀ごろから発展していた。曇鸞《どんらん》(四七六―五四二年)、道綽《どうしゃく》(五六二―六四五年）、善導（六一三―六八一年）らが、その初期の代表者として名高い。曇鸞は北魏の人であり、あとの二人は隋・唐の時代の人である。これらの人々の著書などは、早くから日本へも伝えられ、また最澄の仏教の中にも、浄土教の要素が含まれていた。最澄は、その仏法の修行の方法として、四種三昧《ししゅざんまい》を中国から伝えたが、そのうち常行《じょうぎょう》三昧とは、九十日間にわたり、心に阿弥陀仏を念じて休息することなき行法《ぎょう》である。そのほか、常坐三昧は、いわば坐禅であり、法華三昧を含む半行半坐三昧と、非行非坐三昧とを合せて、四種三昧と称するのであるが、最澄自身は法華三昧を重んじていた。その後継者である円仁《えんにん》は、密教とともに浄土教を唐から伝え、このころ（八四七年に帰国）から常行三昧が盛んとなり、やがて比叡山の中心である東塔と西塔との二つの地区に、それぞれ常行堂が建てられるようになった。この動向は、多くの人々によって推進されたが、その中でも画期的であったのが、源信《げんしん》による『往生要集《おうじょうようしゅう》』（九八五年完成）の著述とその影響であった。

源信（九四二―一〇一七年）は、大和の当麻《たいま》郷の出身で、比叡山に登って僧となり、東塔・西塔の僧らが名利《みょうり》を追って俗化するのに反撥して、さらに奥の横川《よかわ》の恵心《えしん》院に住んだので、恵心僧都《そうず》ともよばれる。『往生要集』十巻は、念仏により阿弥陀仏の浄土に生れる方法を説いているが、その中でも、極楽浄土と対比して、地獄の恐ろしいありさまを描写した最初の部分が、人々に強烈な印象を与えた。地獄絵とか六道《ろくどう》絵などとよばれる絵画の制作が、この後に流行したのもその影響によるところが大きい。

しかし源信が教えようとした念仏は、法然以後の念仏とは性格が異なり、観相《かんそう》念仏とよばれる。観相とは、阿弥陀仏の姿（「相」）を観《み》ること、すなわち、心の中で想い浮べることの意味であるが、それは精神を集中して仏の世界や仏法の原理を心の中に想い描くという点で、天台宗の正統的な行《ぎょう》法である、「三諦《たい》」とか「一念三千」とかを心の中で会得することと、むしろ近い性格を具えている。つまり念仏といっても、観相の念仏は一種の「行《ぎょう》」であって、必ずしも容易なことではないのである。

末法思想と浄土信仰

浄土信仰と言えば、すぐに連想されるのは、末法《まっぽう》思想であり、末法の世になったからこそ、浄土信仰が広まった、というふうに説明されることが多い。しかし、これは果たして事実であろうか。

末法とは、仏教の歴史についての観念であって、釈迦が没して以後（仏滅以後）、正法《しょうぼう》・像《ぞう》法《ぼう》・末法という三つの時代が継起するとするものである。正法の時代は、五百年とも千年ともいい、像法が千年、その後は永久に末法の世となるという。正法の世には、仏の教えと、人々の修行と、その修行の成果としての悟り(証)との、すべてがあったのに対し、像法(かたちだけの法)の世には、教と行とはあっても、証はなく、さらに末法の世ともなれば、教のみが残って、行も証もなくなる。その絶望的な末法の世に入る時期が、当時の日本では、仏滅後二千年に当る永承六年(一〇五一)ないしその翌年からと信ぜられていた。しかもこの十一、二世紀のころ、すなわち平安時代末期には、天災地変や疫病の流行、さらには内乱が起こり、人々は世も末になったと考えて、せめてもの救いを阿弥陀仏に求めていった、とみるのである。

しかし右のような説明は、事実というよりも、むしろ浄土信仰を説こうとする立場から、それを正当化するために強調された、一種のフィクションにとらわれた見解なのではあるまいか。現実の歴史の動向に即してみても、古代国家の貴族らは没落への道を歩んでいたとしても、大多数の武士と庶民たちは、むしろ社会的地位を向上させつつあった。社会の全般には、末法とよばれるような絶望感ではなく、変革の時代にふさわしい活気がみなぎっていたと思われる。ただ変動期の不安定な社会状況のもとでは、煩瑣な儀礼を必要としない、簡易な仏教の教えが求められ、浄土信仰がまさにその要求に対応したのであったが、逆にそれにともなって、浄土信仰の理由づけとしての末法思想も広まったと考えられるのである。

実際にも中国で末法思想が明確に現れてくるのは、隋・唐のころ、すなわち道綽や善導らが浄土教を主唱した時期からであった。その影響のもとに成立した『往生要集』では、序文に、「それ往生極楽の教行《きようぎよう》は、濁世《じよくせ》末代の目足《もくそく》なり。道俗貴賤、誰か帰せざらん」と述べており、このように「末代」であることを強調した説明の方式が、その後の浄土教にも受けつがれてゆくこととなる。

法然と浄土宗

法然（一一三三―一二一二年）は、美作国《みまさか》（岡山県）久米南条の武士漆間《うるま》時国の子で、九歳のとき父を失い、出家して、やがて比叡山に登り、西塔の黒谷《くろだに》で修行した。一切経を読むこと五回、「智恵第一の法然房」と称せられるほど学問をしたのち、『往生要集』に接して初めて自己の道を見出し、四十三歳の時、比叡山を下りて、独自の浄土信仰の教えを説くようになった。これがのちの浄土宗の開創であり、年代の上ではまだ平安時代であるが、新仏教としての鎌倉仏教の歴史は、この時から始まる。

法然の教えが影響力をもつようになると、旧仏教の側から、これに反撥する動きが高まり、延暦寺や興福寺から朝廷に念仏の停止を求める奏状が提出された。実際にも法然門下には、念仏だけで十分であると考え、破戒の行動をとる者が現れたりしたので、承元元年（一二〇七）二月に、法然は土佐（高知県）に流罪となり、門人たちも処罰された。しかし同じ年の十二月に法然が赦免されている点からみると、この処分は形式的なものにすぎなかったと思われる。法然の支持者は、朝廷の中にも多く、とくに関白九条兼実《かねざね》は深く法然を信じた。武家の中でも、平重衡《しげひら》や熊谷直実《くまがいなおざね》らが、法然の教えに帰依した。

法然の主著は、『選択《せんじやく》本願念仏集』であって、この「選択」という観念を強調したところに、その宗教の特色がある。もともと浄土信仰の根拠をなしていたのは、『無量寿経』（大経）・『観無量寿経』（観経）・『阿弥陀経』（小経）の、いわゆる浄土三部経であって、その中の『無量寿経』によれば、阿弥陀仏はもと、法蔵比丘《びく》とよばれる修行者であったが、その修行中に四十八の願を立て、これらの願が成就しなければ、「正覚《しようがく》を取らじ」、すなわち覚りを開いて仏となることはしない、と誓った。これらの願は、一切衆生を平等に救済するためのものであるが、法蔵比丘はすでに十劫《ごう》（劫とは、無限に近い長い時間）以前に覚りを開いて阿弥陀仏となっているのであるから、その願はすべて成就されていることになる。その四十八願の中でも、とくに主要なのが、第十八願であって、それは、「設我得仏、十方衆生、至心信楽、欲生我国、乃至十念、若不生者、不取正覚（設《たと》ひ我《われ》仏を得たらんに、十方《じつぽう》の衆生《しゆじよう》、心を至し信楽《しんぎよう》して、我が国に生れんと欲《ねご》うて、乃至《ないし》十念せん、若《も》し生れずんば、正覚を取らじ)」というものである。阿弥陀仏は、多くの行《ぎょう》の中で四十八を選択し、さらにその中でも最も平易な念仏の行を、第十八願として選択したのであるから、人はただ、そのことを信じ、称名念仏するだけで、極楽浄土に往生することができる、と法然は説いたのである。

この阿弥陀仏が選択した本願に対する「信」が、法然の信仰の基本であるが、それとともに右の「乃至十念」の解釈として、十回ないしそれ以上、「南無阿弥陀仏」と唱えることが望ましい、と法然は考えていたようであり、その限りでは法然の場合には、念仏そのものが一種の「行」としての性格をもっていたとみられる。

親鸞と浄土真宗

法然の門人である親鸞(一一七三―一二六二年)は、はじめ比叡山で「堂僧」、すなわち常行堂に奉仕する下級の僧であったが、京都の六角堂に参籠《さんろう》して、本尊である観音(聖徳太子の示現《じげん》と信じられた)の指示により、法然に師事するようになった。承元の法難に連座して、越後(新潟県)に流され、この後は僧でもなく俗人でもないという意味で、「禿《とく》(愚禿)」と称した。四年後に赦免されたのちも、京都には帰らず、関東地方に移り、やがて常陸(茨城県)の稲田《いなだ》で、約十八年間を送った。この間に独自の浄土信仰の立場に到達し、門人も多くなった。

親鸞の思想の特色は、願力回向《がんりきえこう》の説に表れている。第十八願に示された「至心信楽、欲生我国」、すなわち浄土に生れたいと信じ願う心に、自己が成りきることは、法然にあっては、念仏する者がまず具えなければならない条件とされていたのであったが、親鸞は、このような心を抱くこと自体が、阿弥陀仏の側から一般衆生に回向されているとし、信ずる心を含めて、浄土往生に必要な条件は、すべて阿弥陀仏の願力によってすでに実現されているのであって、ただその事実を信じさえすればよい、と説いた。したがって念仏も、そのように広大な仏の慈悲に対する感謝の意味で唱える報恩の念仏となり、「行」としての性格をまったくもたないこととなる。これはいわば徹底した絶対他力の信仰である。

親鸞はおそらく、法然の教えに従って念仏を実践していた間に、「至心信楽、欲生我国」という純粋な心をもつことさえもできない、罪深い人間であると自覚するようになり、その体験に基づいて、右の考え方に到達したのであろう。『歎異抄《たんにしよう》』(親鸞の言葉を唯円《ゆいえん》が記録したものとされる)にある、「善人なをもて往生をとぐ、いはんや悪人をや」との、いわゆる悪人正機《しようき》説も、「自力作善《さぜん》の人」すなわち阿弥陀仏の慈悲を信ぜず、自力で善行を積んで救われようとする「善人」が、いわば不信心の人であるのに対し、自己の罪業《ざいごう》の深さを自覚し、ひたすら仏の慈悲に頼ろうとする「悪人」の方にこそ、真実の救済の可能性がある、との意味に解せられる。親鸞はこののち、京都に帰って、主著『教行信証《きょうぎょうしんしょう》』を完成し、東山の麓、大谷の地に葬られた。

本覚思想と鎌倉仏教

親鸞の願力回向の説とは、人はすでに仏によって救われており、ただその事実を知ればよい、とするものであるから、前章にみた天台本覚思想と共通した立場である。晩年の親鸞は、さらに、たとえば浄土和讃《わさん》の中で、「信心よろこぶそのひとは、如来《にょらい》とひとしと説きたまふ、大信心は仏性《ぶっしょう》なり、仏性すなはち如来なり」と、人は如来(仏)に等しいとする、如来等同の思想を述べている。

天台本覚思想と鎌倉仏教との関係については、前者を否定することにより後者が成立したとみるのが、現在の仏教学界では通説になっているようである。しかし右の親鸞の思想を見れば、両者の間には連続性があり、いわば理論としての本覚思想を、実践的な宗教として具体化したものが、鎌倉仏教であったと言えるのではあるまいか。第十八願の選択に重点を置いた法然の場合も、それに近い。

鎌倉仏教を本覚思想の発展とみる考え方は、島地《しまじ》大等《だいとう》や宇井《うい》伯寿《はくじゅ》ら、すぐれた仏教学者によって主張されており、とくに島地は、日本には「哲学」がないとした中江兆民の説に反対して、「哲学なき国家は精神なき死骸である」と言い、その日本独自の「哲学」を代表するものの一つとして、この本覚思想を挙げている。

一遍と時宗

時《じ》宗の開祖となった一遍（一二三九―八九年）の浄土信仰にも、本覚思想との密接な関係が示されている。『一遍上人語録』に伝えられた、「となふれば仏もわれもなかりけり、南無阿弥陀仏なむあみだ仏」という歌は、その一例である。一遍が念仏について悟った際の頌《じゅ》とされる、「十劫正覚衆生界、一念往生弥陀国、十一不二証㆓無生㆒、国界平等坐㆓大会㆒」も同様であって、十劫以前に正覚を得た阿弥陀仏と、その阿弥陀を信ずる一念で浄土に往生することのできる衆生とは、「不二《ふに》」すなわち同一であるとし、第四句では、阿弥陀の「国」すなわち浄土と、衆生「界」とが、平等の「大会」となる、との趣意であろう。

一遍は、伊予（愛媛県）の豪族河野氏の子で、その布教の方法として、賦算《ふさん》（札を配ること）を行い、また、阿弥陀仏に救われていることを知った歓喜の心を、踊り念仏に表現して、広く各地を巡回した。これを遊行《ゆぎょう》回国と言い、その布教活動は、平安時代に念仏を唱えて勧進を行い、「市聖《いちのひじり》」とよばれた空也《くうや》(九〇三―九七二年)のそれを継承していたとされる。

禅宗の伝来と道元

浄土教の系統の新仏教と並んで、この時代の新しい仏教の潮流を代表するのは、道元と日蓮とである。

道元は禅僧であるが、鎌倉仏教の中でも禅宗は、中国(唐・宋)においてほぼ完成されていたものを、日本へ輸入する形をとったので、日本仏教というより外来宗教としての性格が強い、などと言われることがある。しかし少なくとも道元の場合には、独創性が顕著であって、やはり鎌倉仏教の重要な代表者の一人とみなさなければならない。

禅宗の中にも、すでに中国において多くの宗派が分かれており、道元は曹洞宗《そうとう》(曹渓と洞山との二人の僧の系統の宗派)を学び、日本の曹洞宗の開祖となった。これと並んで、日本での禅宗の主流をなしたのは臨済宗《りんざい》であり、日本でのその始祖は栄西(一一四一―一二一五年)とされる。栄西は、一一六八年と一一八七年との二回、入宋して、帰国後は、朝廷や幕府の尊信を受け、京都に建仁寺を建立するなど、めざましい活動をした。しかし栄西は、禅とともに密教を兼学し、その密教の側面で世に尊信されたらしく、純粋な禅僧としての活動とはいえない。栄西は『喫茶養生記』を著し、茶の効用を説いたことでも知られている。臨済宗の系統の禅が、本格的に日本に伝えられたのは、南宋の末期から元の初期にかけて、亡命にも似た形で渡来した中国僧の、蘭渓道隆《らんけいどうりゅう》（一二四六年来朝、鎌倉の建長寺の開山）や、無学祖元《むがくそげん》（一二七九年来朝、同じく円覚寺の開山）らによるところが大きい。その限りでは、まさに外来宗教であったが、やがて鎌倉時代の終りごろには、南浦紹明《なんぽじょうみょう》や夢窓疎石《むそうそせき》らが出て、しだいに独自の発展の道を歩むこととなる。

道元の伝記と思想的遍歴

道元（一二〇〇―五三年）は、村上源氏の系統に属する久我《こが》通親の子で、貴族の出身である。十三歳の時、比叡山に登って出家したが、やがて天台の教学に疑問を抱き、山を下って建仁寺で、栄西の弟子である明全《みょうぜん》を師とした。二十四歳で明全とともに宋に渡り、天童山（浙江省）で如浄《にょじょう》の指導に従い、ついに「身心脱落」、すなわち悟りの境地に到達した。三年後に帰朝し、京都の南の深草の地で坐禅を広めたが、四十四歳に至り、越前（福井県）の武士波多野義重の招きに応じて越前に移住した。義重が建立した大仏寺（改称して永平寺）に住み、鎌倉に下向したこともあったが、八カ月で帰山している。権力に近づくことを好まない、孤高の人であったようである。五十四歳で病気治療のため上洛して、京都で没した。

道元が比叡山を離れた時に抱いていた疑問とは、「顕密二教ともに談ず、本来本法性《ほっしょう》、天然自性身《じしょうしん》と。もし此《かく》の如くならば、三世の諸仏、甚《なに》によってか更《さら》に発心《ほっしん》して菩提《ぼだい》を求むるや」(『建撕記』)、というものであったと伝えられており、まさに天台本覚思想に対する疑問であった。人が本来、仏であるのであれば、どうしてさらに発心修行して、菩提(悟りの意味)を求める必要があるのか、というのである。ついで入宋して、船が明州《めい》(寧波《にんぽう》)に着岸した時、船に積んでいる椎茸を買いに来た老僧があった。近くの育王山で典座《てんぞ》(炊事掛)をつとめているという。若き道元は、この人に質問して、「云《いわ》く、典座尊年、何ぞ坐禅弁道して古人の話頭を看せずして、煩《わずらわ》しく典座に充《あ》て、只管《しかん》に作務《さむ》す。甚《なに》の好事か有ると。典座、大笑して曰く、外国の好人、未だ弁道を了得せず、未だ文字を知得せざるありと」、との返答を得た(『永平清規』所収の「典座教訓」)。よいお年ですのに、坐禅して、昔の禅僧の言葉を手がかりに考えることをなさらず、典座のような雑務に従事しておられて、何の役に立つのですか、と聞いて、君にはまだ本に書いてあることとの意味が分っていないんだね、と笑われたのである。坐禅や勉学に比べて、日常的な炊事などの用務は、低級ないし無意味な仕事と考えていた道元にとって、これは大きなショックであり、この体験は、その後の道元の宗教の上に活かされて行くこととなる。

道元の宗教思想

道元の主著『正法眼蔵《しょうぼうげんぞう》』は、七十五巻ないしそれ以上からなる大部のもので、格調ある独特の和文で記述されており、内容はもとより、表現の面からみても、和文による宗教的・哲学的論述の最高峰の一つであると言える。冒頭の「弁道話」を入門とすれば、本格的な総論に当るのが、次の「現成公案《げんじょうこうあん》」の巻である。この標題自体が難解であるが、「真理が現実に現れた姿」とでも解釈できようか。

「仏道をならふといふは、自己をならふ也《なり》、自己をならふといふは、自己をわするるなり。自己をわするるといふは、万法に証せらるるなり、万法に証せらるるといふは、自己の身心および他己の身心をして脱落せしむるなり」。仏教を学ぶというのは、自己を知ることであり、自己を知るというのは、自己を忘れる(自己に捉われない)ことである。自己に捉われなければ、万法(現実のすべて)が明らかになり、身心脱落(悟り)の境地に到達するとともに、自己と他者(「他己」)との区別もなくなる、といった趣旨であろう。自己を知るためには、その自己を忘れた、いわば自由な精神的境地に入らなければならない、という右の論旨には、道元自身の「身心脱落」の体験が、分りやすく説明されている。

同じ「現成公案」の巻の終りの部分では、ある夏の日、高僧が扇を使っている所へ、別の僧が来て、「風性《ふうしょう》は常住《じょうじゅう》」で、風はどこにでもあるというのに、どうしてわざわざ扇を使うのですか、と問うたという話を記している。それに対し高僧は、「どこにでもある」ということの意味が、お前には分っていないと言い、僧が問い返しても、高僧はただ扇を使うばかりであった。「風はどこにでもある」というのは、観念として考えられたもの、すなわち一つの理論にすぎず、それが体験された事実となるためには、扇を使うという、人間の行為がなければならないとするのが、右の話を通じて道元が語ろうとした真理なのであろう。これにつづけて道元は、「風性は常住なるがゆへに、仏家《ぶっけ》の風《ふう》は、大地の黄金《おうごん》なるを現成せしめ、長河《ちょうが》の蘇酪《そらく》を参熟《さんじゅく》せり」と述べて、この巻を結ぶ。大地が黄金となり、長河(黄河)の水が美味な乳製品となるというのは、どこにでもある平凡な日常の生活が、仏教の教え(「仏家の風」)に従うならば、生き甲斐のある、輝きにみちた生活になる、との意味であろう。それこそが現実の真の姿なのであり、行為を通じて、その真実を体験すべきことを教えるのが、道元の信じた仏教であった。

『正法眼蔵』の巻首にある「弁道話」の中では、「仏法には、修証《しゅしょう》これ一等なり、いまも証上の修《しゅ》なるゆえに、初心の弁道、すなはち本証の全体なり、……すでに、修の証なれば、証にきはなく、証の修なれば、修にはじめなし」と述べられている。「修」すなわち修行と、「証」すなわち悟りとは、同じ一つのもの（「一等」）であって、悟るための修行ではなく、すでに悟った上での修行なのであるから、初心者の学問修行であろうとも、そこには完全な悟りが実現されている、とみるのである。この修証一致の考え方を、具体的な実践の方法として示したのが、「只管打坐《しかんたざ》」とよばれる坐禅であった。只管とは、ひたすらの意味であるから、ただ坐《すわ》ることである。普通には、坐禅という修行を通じて、やがて悟りの境地に到達する、と考えられているが、道元にあっては、坐禅をして無心の境地に入ったとき、人はすでに悟りの世界にあり、すなわち仏であって、坐禅はその仏としての行為（仏行《ぶつぎょう》）にほかならないのである。

「修」と「証」とが一致し、坐禅は仏となるための修行ではなくて、仏としての修行（「証上の修」）であるとする道元の考え方は、人は本来、仏であるとした、天台本覚論と同じ立場であるが、ただ、仏であるという事実に安住するのではなく、仏であるからこそ、無限の修行をつづけて行かなくてはならない（「修の証なれば、証にきはなく」。際《きは》は、限度の意味）というように、「行」に重点を置いたところに、道元の宗教の特色があった。「行」は、修行であるとともに、人として生きて行動すること、すなわち日常の社会的活動でもある。このような「行」の仏教を確立したことにより、道元は本覚思想を継承するとともに、それを実践の教えとして発展させた、とみられるのである。

日蓮の生涯

次に日蓮(一二二二—八二年)であるが、安房《あわ》国東条郷(東条御厨《みくりや》。御厨は、伊勢神宮領の意味)の小《こ》湊《みなと》という漁村に生れたので、のちにみずから、貧窮下賤な「旃陀羅《せんだら》が子」などと称したが、とくに賤しい身分というよりは、漁業に従事する人など、一般の庶民の出身という意味であろう。十三歳で近隣の天台宗の寺院である清澄寺《せいちょうじ》に入って僧となり、鎌倉や京、また高野山などを巡歴したのち、三十二歳で清澄寺に帰り、唱題(「南無妙法蓮華経」と唱えること)を始めるとともに、それまでの蓮長を改めて、日蓮と称するようになった。『妙法蓮華経』すなわち法華経は、天台宗の理論の根拠をなすものとして重んじられた経典であって、最澄に始まる天台宗は、天台法華宗とも称したが、日蓮はその伝統を継承しつつ、独自の法華宗、すなわち日蓮宗を開いたのである。

文応元年(一二六〇)に日蓮は『立正安国論《りっしょうあんこくろん》』を著して、鎌倉幕府の執権北条時頼に奉呈し、天災地変が生じているのは、邪教のために正法《しょうぼう》が見失われているためである、と主張した。ここで邪教とよぶのは、法然の唱えた浄土信仰であり、このまま放置すれば、経典に記された三災七難のうち、まだ起こっていない「自界叛逆難《じかいほんぎゃくなん》」(内乱)と「他国侵逼難《しんぴつなん》」(外敵による侵略)も、必ず起こるであろうと予言している。当時の鎌倉武士の間には、すでに浄土宗の信者が多く、その反撥により、日蓮は「悪口《あっく》の咎《とが》」で伊豆の伊東に流され、ついで文永八年(一二七一)には佐渡に配流され、途中の竜《たつ》の口で死刑に処せられようとしたが、幸いに赦された(竜の口法難)。佐渡にあること三年、赦免されて鎌倉へ帰り、ついで甲州の武士波木井《はきい》(はきり)実長の招きに応じて身《み》延山《のぶさん》に移った。この文永十一年には、第一回の元寇《げんこう》があり、予言が適中したとして日蓮は自信を強めたようである。しかし身延は深い山の中で、寒気がきびしく、日蓮は健康を害して、弘安五年(一二八二)に出山し、やはり信者である武蔵の武士池上宗仲の邸で没した。現在の池上本門寺(東京都大田区)の地であり、身延山久遠《くおん》寺ならびに下総中山の法華経寺とともに、日蓮宗の大本山の一つとなっている。

日蓮の宗教思想

日蓮は、多くの著書のほか、御書・御消息・御返事などとよばれる手紙を多く残していて、その宗教思想の変化していった過程を、ある程度まで知ることができる。とくに重要なのは、佐渡へ流される以前と、それ以後との間にある区別であって、これを「佐前」「佐後」とよぶ。竜の口で死刑に直面する体験をしたことも、これに関連していよう。佐渡配流以前の日蓮には、『立正安国論』に代表されるように、他者を攻撃するいわば外向的な傾向が強かったのに対し、むしろ内面的に信仰を深めてゆく方向に、重点が移されたとみられるのである。法華経を尊信し、これを護持すれば災厄を免れることができると説く、持経者《じきよう》とよばれる民間の僧たちの活動は、すでに平安時代からあり、初期の日蓮には、その伝統を継承している面があったとみられるが、そのように法華経の呪力に依存するのではなく、法華経に説かれた精神を実践する者、すなわち法華経の行者《ぎようじや》としての自覚が、しだいに深まっていった。行者という表現そのものは、持経者の立場でも用いられたが、その「行」の意味が変化するのである。

『妙密上人御消息』（建治二＝一二七六年）の中で、日蓮は自己が「無戒の僧」で、牛や羊のごとき者であるといい、そのような自分がはっきりした自覚もなく、「南無妙法蓮華経」と唱えることを始めたのであるが、これは「所詮《しよせん》、よき事にや候らん、又、悪《あし》き事にや侍《はべ》るらん、我もしらず、人もわきまへがたきか」と述べている。自己を人間以下の劣った者としている謙虚な態度には、親鸞が、自己の罪業の深さを自覚したのと似ている面があり、また右の文の後半は、やはり親鸞が「法然上人にすかされまいらせて、念仏して地獄におちたりとも、さらに後悔すべからず候」(『歎異抄』)と説いていたと伝えられるのと、考え方の上で共通している。

念仏によって救われるのが、阿弥陀仏のはからいによるものであったのと同様に、日蓮における唱題も、自己の作為ではなく、仏によって与えられた救いの道であった。『観心本尊抄』(文永十＝一二七三年)は、日蓮の理論的著述の中でも代表的とされるものであるが、その結びの所には、「一念三千を識《し》らざる者には、仏、大慈悲を起し、五字の内にこの珠《たま》を裹《つつ》み、末代幼稚の頸《くび》に懸けしめたまふ」とある。「一念三千」、すなわち一瞬の思念の中に三千世界の実相を観るというのは、天台宗における悟りの境地の表現であったが、そのような観相を実行しえない末代の幼稚な者であっても、「南無妙法蓮華経」と唱題するだけで、「一念三千」の境地を自己のものとすることができるように、釈迦仏がはからって下さっている、と信ずるのである。すなわちこの唱題を通じて、自己と仏とが一体化するのであり、そのことを具体的に図示したのが、日蓮宗に独特の本尊であって、中央に「南無妙法蓮華経」と大書し、四方に守護神としての四天王(持国《じこく》天・毘沙門《びしゃもん》天・広目《こうもく》天・増長《ぞうじょう》天)を配するとともに、題目の周囲に仏・菩薩や神々の名を記している。図像ではなく文字ばかりで構成されているため、文字曼陀羅《まんだら》などともよばれるが、日蓮自身は、これを「本門《ほんもん》の本尊」と称した。

日蓮宗の寺院には、前記の本門寺をはじめ、本覚寺・本国寺あるいは本能寺など、「本」の字を冠したものが多く、日蓮の宗教が「本門」の思想に立脚していたことを示している。「本門」とは、「迹門《しゃくもん》」に対する語で、天台宗では、法華経二十八品《ほん》のうち、前半は迹門、後半は本門を説いたものとし、本門では、久遠《くおん》の本仏、すなわち時間を超越した永遠の存在としての仏(法身《ほっしん》の仏)を、また迹門では、時間に即して仏が悟りを開いた過程を示しているとした。日蓮はこの本門の思想を独自に発展させて、本門の立場からすれば、「我等《われら》が己心《こしん》の釈尊は、……無始の古仏なり」といい、また「今本時《いまほんじ》の娑婆《しゃば》世界は、……常住の浄土なり」(「観心本尊抄」)と、現実のすべてが仏の世界であるとする。すなわち本門は本覚論と一致し、それ以前の天台宗は、迹門に重点を置いたものとして批判される。しかし本覚論の立場を継承しながら、唱題という「行」を重んじた点に、日蓮の宗教の特色があり、そのことにより日蓮は天台本覚論を実践の宗教として発展させることに成功したといえよう。本覚論を基礎としながら、「行」を重視することにより、新しい宗教的世界を開いた点で、道元と日蓮とは共通しているのである。

第七章　内乱期の文化

武士の政権と平家物語

中世は、内乱の時代でもあった。その最初が保元《ほうげん》の乱（保元元＝一一五六年）である。院政により、天皇の一族に「家」が形成されると、その「家」の主導権をめぐって、内部に対立が生じた。幼少の天皇が成長すると、それは天皇と院との対立という形をとって現れる。鳥羽《とば》上皇が没すると、崇徳《すとく》上皇と後白河《ごしらかわ》天皇が対立し、これに摂関家の対立が加わり、両者がそれぞれ有力な武士を集めて戦い、天皇方の勝利となった。ついで後白河上皇と二条天皇との対立を中心に、平治《へいじ》の乱（平治元＝一一五九年）が勃発した。この二つの乱は、それ以後の戦乱に比べれば小規模ではあったが、長く平穏であった都の中で戦闘が行われた点で、人々を驚かせた。（こののち朝廷では、年号の選定に当り、二字の上の字には「保」と「平」を用いないことが慣例となった。その点で現在の「平成」は異例である。）

摂関政治のころから、都の貴族たちは、地方の行政に対する関心を稀薄にし、いわば経済的な収入源としかみなしていなかったから、当然ながら地方の治安は乱れた。地方の社会の秩序を維持するために、各地に成長した地主や豪族は、武装するとともに、中央の政界で志を得なかった源氏や平氏などの子孫を迎えて、しだいに大きな組織を形づくる。これが武士の発生であり、その武力が貴族たちに利用されることにより、しだいに中央の政界に進出した。とくに平治の乱で勝利を収めるのに功績のあった平清盛が、後白河法皇の愛顧を受けて、翌年には上級の貴族である公卿《くぎょう》の一員に加えられ、さらに急速に昇進して、太政大臣となった（一一六七年）。その一族にも高い官位が与えられて、平氏の全盛期を迎える。

しかし平氏は、貴族化したために地方の武士の社会から遊離し、源頼朝が伊豆で挙兵（一一八〇年）して以後、源氏の勢力に追われて、寿永三年（一一八四）に壇《だん》ノ浦《うら》の合戦で滅亡した。この平氏の勃興から滅亡に至る過程を描いた『平家物語』は、文学作品としてすぐれているばかりではなく、琵琶法師の語る平曲《へいきょく》となって、人々の間に広く親しまれた。貴族化したとはいえ、武士は武士であって、政治的な策略には長ぜず、それが没落の一因ともなるのであるが、その反面、一族の運命を自己の運命として受け入れ、いさぎよく最後まで戦い抜いた人々の姿を描いているところに、この物語の魅力がある。壇ノ浦の合戦の開始に臨み、平知盛《とももり》が大音声《だいおんじょう》をあげて、「いくさは今日ぞかぎり、者《もの》ども、すこしもしりぞく心あるべからず、……ならびなき名将勇士といへども、運命つきぬれば力《ちから》及ばず、されども名こそおしけれ」と訓示したのは、その精神の表現である。やがて知盛は、「見るべき程の事は見つ。いまは自害せん」と言い、重い鎧《よろい》を二人分も着て入水《じゅすい》する。『平家物語』の中には、法然の系統の浄土思想があるが、それはあとからつけ加えられたものらしく、武士の活動を描くところに全体の主眼がある。

鎌倉幕府が成立して、全国に対する軍事・警察権を掌握すると、国家の公権力の主体は、しだいに朝廷から武家の幕府へと移った。とくに三代将軍実朝の死後、後鳥羽上皇を中心に朝廷が幕府を征討するために挙兵し、逆に敗北した承久《じょうきゅう》の乱（承久三＝一二二一年）の結果、幕府の権力はさらに強化された。この上皇の挙兵について、そのころに著述されたらしい『平家物語』（六代斬られ）では、「承久に御謀反《むほん》おこさせ給ひて」と述べている。このころから建武新政のころにかけて、「当今《とうぎん》（今の天皇、の意味）御謀反」といった表現がしばしば現れるのは、天皇が公権力そのものではなく、むしろ一種の私的な権力としての性格をもつようになったことを示しているのであろう。

この乱のあと、約百年間は戦乱のない状況がつづいたが、「氏」から「家」へ、という視点からすると、なお過渡期であったとみられる。源氏の将軍が絶えたあと、北条氏が執権として実権を握るが、将軍に摂関家の子や皇子を迎えた点には、古代の「氏」の一系系譜と同じ考え方が生きているようである。また、その北条氏の中でも、やがて得宗《とくそう》家に権力が集中する。そのことと、将軍直属の武士である御家人の家族形態が、惣領《そうりよう》制すなわち兄弟の中の一人が惣領として他の者を統轄する形から、兄弟それぞれが独立した「家」をもつ形へと移行することとにより、軍事力の基礎が弱体化して、鎌倉幕府は崩壊する。

内乱の過程と歴史の見方

鎌倉幕府は一三三三年に亡び、翌年に建武と改元されて、建武《けんむ》新政が開始されたが、わずかに三年後の建武三年(一三三六、南朝では延元元年)には崩壊して、後醍醐《ごだいご》天皇は吉野に移り(南朝)、足利尊氏が京都に幕府を開いて、光明天皇を立てた(北朝)。すでに鎌倉時代の後半期から、天皇の家系は、持明院《じみよういん》統と大覚寺《だいかくじ》統との二つの系統に分かれ、交互に皇位に即く(両統迭立《てつりつ》)ことで、両者の妥協をはかってきたが、大覚寺統から出た後醍醐天皇の子孫が南朝となり、持明院統の北朝と対立したわけである。

一三九二年の南北合一(実質上は南朝の滅亡)以後は、室町幕府が全国の中央政府となったが、政局は安定せず、とくに鎌倉幕府以来の地方官であった守護が、それぞれの地域の政治的支配者としての権力を強めた。これを守護大名とよぶが、やがて十六世紀には、戦国大名が現れて、地域ごとに独立の国家を形成するようになる。

この時代の文化の特色は、南北朝時代を主題とした歴史書の上に現れている。まず『太平記』(四〇巻、一三七一年ごろ完成)は、鎌倉幕府の終末から南北朝時代前期の間を対象とし、南朝方の立場で執筆されたといわれることが多いが、実際の内容は必ずしもそうではなく、むしろ個人の道徳を基準とした儒教的歴史観に立脚していたとみられる。南朝方の人物を賞賛した記述が多いのは、実際に忠臣義士と評価すべき人々が存在したためであって、後醍醐天皇の新政に対しては、その欠点をきびしく批判している。ただし忠臣といっても、道徳にしばられたような人間像ではない。『太平記』前半の主人公ともいうべき楠木正成《くすのきまさしげ》は、明治以後には天皇に対する忠誠の模範とされたが、それはむしろ一面化であり、正成の実像は、すぐれた軍事的才能や政治的見識とともに、権力に対する旺盛な反抗の精神(最初は鎌倉幕府に対し、のちには足利氏に対する)を発揮したところに、その個性の魅力がある、と植村清二氏が指摘している。

これとならんで有名なのは、北畠親房《きたばたけちかふさ》の著『神皇正統記《じんのうしょうとうき》』(一三三九年ごろ執筆)であって、親房が関東地方で転戦中、常陸(茨城県)の小田《おだ》城で書いた。親房は南朝の重臣であり、南朝の正統性を主張するとともに、正統である南朝が必ずや勝利を収めるであろう、との展望を述べている。この予想は結果としては実現しなかったけれども、親房が南朝に正統性があると主張した根拠は、一つには、皇位継承の手続きにおいて、南朝の方が、足利氏に擁立された北朝よりも、正しいからであり、また一つには、大覚寺統に有徳の天皇が多かったことにあり、いずれも『太平記』の場合と同様に、道徳上の正しさを基準としている。正しい者が勝つという、客観的かつ普遍的な歴史観は、これまでの歴史書や軍記物語などには、これほど明確には現れていなかったものであり、それだけに内乱の渦中にある人々の心に強く訴える力をもっていたと思われる。それはまた、個人の道徳によって社会の動向が左右されるとみる意味で、この時代に個人の自覚が高まってきたことの現れであるともいえよう。

神信仰の道徳化

個人の道徳を重視する考え方は、古来の神信仰にも影響を及ぼし、神道の理論ないし思想体系とでもよぶべきものが形成された。もともと地域や国家を守護する超越的存在としての神に対する信仰は、その神を「祀る」こと自体に意義があり、祀られる対象としての神は、「不定なる神」であることが多く、したがってその信仰にも、仏教の場合のような理論的根拠などはなかった。それが一面では仏教の普及により、また他の一面では個人の自覚が成長してきたことによって、神信仰にもそれを根拠づける理論が求められるようになったのである。

その最初は、神と仏とを一体のものとみる神仏習合《しゅうごう》の考え方に基づいて、平安時代末期のころに現れた両部《りょうぶ》神道、すなわち仏教神道である。両部とは、密教で言う金剛《こんごう》界と胎蔵《たいぞう》界との二つの世界を指す語で、要するに密教の理論をそのまま神信仰に適用したものであった。これに対し、鎌倉時代から南北朝時代にかけて、伊勢の外宮《げくう》の神官らが中心となり、仏教とは区別された日本独自の宗教としての神道を唱えたのが、伊勢神道であって、北畠親房もその影響を受けていた。ついで室町時代に吉田神道が登場する。これは京都の吉田神社の神官である吉田兼《かね》倶《とも》(一四三五―一五一一年)によって創始された神道思想で、正式には唯一宗源《ゆいいつそうげん》神道と称し、その理論は、兼倶の著『唯一神道名法《みょうほう》要集』などに示されている。

その吉田神道と直接の関係はないが、兼倶の作と伝えられ、実際にもこのころから広く社会に普及するようになったものに、「三社託宣《たくせん》」がある。それは左のような形で、伊勢・八幡・春日の三社の祭神のお告げ(託宣)として記され、これを信仰の対象として祀り、あるいは掛け軸として床の間に飾ったりしたのである。

八幡大菩薩　雖㆑為㆑食㆓鉄丸㆒　不㆑受㆓心汚人之物㆒
　　　　　　雖㆑為㆑坐㆓銅焰㆒　不㆑到㆓心穢人之処㆒

天照皇太神宮　謀計雖レ為二眼前利潤一　必当二神明罰一
　　　　　　　正直雖レ非二一旦依怙一　終蒙二日月憐一

春日大明神　雖レ曳二千日注連一　不レ到二邪見之家一
　　　　　　雖レ為二重服深厚一　可レ趣二慈悲之室一

つまり、伊勢神宮の祭神である天照大神は「正直」を、八幡の神は「清浄《しょうじょう》」を、また春日の神は「慈悲」を、それぞれ人の守るべき徳目として教えている、とするのである。それとともに、さらに簡潔な形で神信仰の道徳的性格を表現したものとして、「心だに、まことの道にかなひなば、祈らずとても神や守らん」という道歌が、同じころから社会に普及していった。

民間の神社の成立

神信仰に関しては、もう一つの新しい現象がこの時代には見られる。それは村や町など、民衆の生活する社会に、その地域の共同生活の中心をなすものとしての神社が造られるようになったことである。これらの神社は、鎮守とか氏神とよばれるのが普通であるが、鎮守とは、本来は寺院の境内を守護する神を指す仏教の用語であって、たとえば東大寺の手向《たむけ》山八幡宮などがそれである。また氏神は、古代の有力な氏の守護神ないし祖先神であって、一般の庶民とは関係がなかった。しかしそのような表現が、村や町の神社を指す意味でこのころから用いられるようになったのは、新しく生れた民間の神社にふさわしい名称がなかったためであろう。

また、これらの神社は、ヤシロあるいはミヤとよばれるが、ヤシロ(屋代)とは、建物(ヤ)を造る場所(シロ)を指すのが古代の用法であり、その場合には常設の社殿はない。これに対し、ミヤ(御屋)は宮殿または社殿としての建物を指している。この二つの語が同じ意味で用いられるようになった点からも、民間における多数の社殿の設立が推測されるのである。

神社の祭神は、村や町ごとにきわめて多様であって、八幡宮や天満天神、また稲荷や熊野の神などが、近い地域に並存しているのが普通であるが、どの神にせよ、重要なのはその神を祀ることであって、その点は古代の神信仰と同じである。村や町の神社の神は、住民の守護神であるとともに、その共同生活の公共性を表象するものであり、したがってその祭祀は、宮座《みやざ》とよばれる住民の共同の組織によって営まれるのが普通であって、その風習は現在まで各地に伝存している。しかしその神事が本格的に行われるようになると、神事や服装に関する知識、また神社の社格や神主《かんぬし》の身分についての保証が必要とされるが、前記の吉田家は、そのような需要に応じて、知識を与え、また社格や身分の認可について、朝廷との間の取次ぎの役割を担当することにより、このころから江戸時代にかけて、全国各地の民間の神社の大多数を、その支配下に置くようになった。

共同性を基礎とした文化

右のような民間の神社の成立は、それぞれの村や町が、共同体としての性格をもつ地域集団となったことを示している。それらの村や町は、住民の自治によって運営され、またその周囲には堀や柵をめぐらせて、外部に対し防衛の態勢をとっていた。このような環濠集落の堀は、奈良盆地には数多く残されており、とくに保存の良好な稗田《ひえだ》の集落は、大和郡山市の史跡に指定されている。都市の場合にも、たとえば古代の平安京では、タテとヨコの通りによって区画された四角形の条坊が行政上の単位とされていたのに対し、このころからの京都では、強力な行政権力がなくなった代りに、地域ごとの住民の組織としての町《ちょう》が形成され、それは道路をはさんでその両側にわたっているので、両側町とよばれる。京都市の地図を見ると、たとえば中京区と下京区との境に四条の大通りがあるが、区の境界線は、東西の大通りそのものではなく、その北側の住宅や銀行、商店のある所をジグザグに走っている。これは四条通りをはさむ両側町が、道路が拡張された後にも残っているからである。この四条通りを中心とした地域の町々は、祇園社を共同の氏神とし、祇園祭りに際しては、町ごとに山鉾《やまぼこ》（山車《だし》）を出している。

これらの村や町の共同生活を基礎に、寄合《よりあい》などとよばれる集会が催され、その寄合の場で、連歌の会を開き、あるいは茶の湯や立花《りっか》を楽しむなど、さまざまな新しい文学や芸能が生れた。将軍や大名ら上級の武士の邸宅には、「会所《かいしょ》」とよばれる建物または部屋が設けられて、そこで同様な芸能の会が開催された。能や狂言も、このような寄合ないし会所に集って「一座」をなしている人々を観客として演じられることにより、発達したのである。この共同性を基盤として生れた茶道や花道、また能・狂言などは、日本の伝統文化を代表するものとして現代まで生命をもちつづけている。

内乱期と現代

内乱期、とくにその終末に近い十五世紀のころが、日本の歴史の上で画期的な意味をもつことを早くに指摘したのは、東洋史学者内藤湖南《ないとうこなん》（虎次郎）であった。湖南は大正十年（一九二一）に行った講演「応仁の乱について」（のち『日本文化史研究』所収）の中で、「だいたい今日《こんにち》の日本を知る為に日本の歴史を研究するには、古代の歴史を研究する必要はほとんどありません。応仁の乱以後の歴史を知っておったら、それで沢山《たくさん》です。それ以前のことは外国の歴史と同じぐらいにしか感ぜられません」と述べている。この大胆な指摘は、日本の歴史に関するすぐれた洞察を示したものとして、近年の学界でも高く評価されている。

たしかに、応仁の乱（一四六七年）の前後を境界として、日本の歴史は二分され、それ以後の歴史は現代にまで連続しているようである。右に挙げた文学や芸能、また宗教生活などの面ばかりではなく、衣食住の生活の全般にわたって、そのようなことが言える。現在の和服の原型をなす小袖《こそで》の着流しが始まったのは、この時代である。食事が三食となり、住居の面では、古代の貴族の住宅であった寝殿《しんでん》造りに代って書院造りが生れ、これが現代の和風建築の源流となっている。寝殿造りでは、蔀戸《しとみど》といって戸を外側に上に開いていたのに対し、書院造りでは引《ひき》戸《ど》となり、建物の中も、仕切りのなかった寝殿造りとは異なり、襖《ふすま》で小部屋に区分された。天井を張り、畳《たたみ》を敷きつめるのも、また明障子《あかりしょうじ》を用いるのも、この時代からである。書院造りは、禅僧の書斎から始まったといわれ、京都の銀閣寺（慈照寺）の東求《とうぐ》堂同仁《どうじん》斎には、その初期の様式がうかがわれる。

なお、日本語の歴史の上でも、この十四、五世紀のころは、古代語から近代語への移行の時期とされている。日本語の歴史が、古代語と近代語とに二分されるのであれば、日本の歴史そのものも、この時期を画期として、広い意味での古代と近代との二つに時代区分するのが、日本の歴史の実態に即した考え方であると言えよう。

第八章　国民的宗教の成立

国民的宗教とは

日本人の宗教というと、仏教と神道など、複数の宗教が併存している、と考えられるのが普通である。しかしそれら各種の宗教は、相互に無関係に併存しているのではなく、ある種の統一された形態をなして、日本人の宗教生活を成立させているのであって、その意味では全体として一つの宗教を形づくっている、とみることができる。そのような意味で、神道(神信仰)と仏教とを基本として、地域的にも、また社会階層の面でも、国民的規模において共有されている宗教を、ここでは国民的宗教とよぶこととしたい。村や町ごとにお寺とお宮とがある風景は、現在はともかく、昭和の初年までは一般的に見られたものであって、それが右のような国民的宗教を象徴しているといえよう。

現代につながるこのような日本人の宗教のあり方は、どの時代に始まったものであろうか。前章では主として神信仰の面から、十五、六世紀のころ、村や町など、住民の自治組織としての共同体が形成されるとともに、その共同体の守護神に対する信仰が、その信仰の思想的内容の面でも、また社殿を建設し儀礼を整備するなど社会制度としての面でも、新しい段階に発展したことを見てきた。これと同様な変化が、仏教の側面においても認められ、しかもそれが右の神信仰と関連していたとすれば、ほぼこのころに、前記の国民的宗教が成立したと考えることが許されよう。

寺の成立

鎌倉仏教の祖師たちが活動したのは、まさに鎌倉時代のことであったけれども、その時代にはどの宗派も、少数の信者に支えられた新興の宗教にすぎなかった。それが広く民間に普及して、浄土宗・真宗（一向宗）・曹洞宗・日蓮宗などが、それぞれ大きな教団を形づくるようになったのは、十四世紀以降のことである。

このような普及の結果として、信者である檀家《だんか》（檀那 dāna-pati である家）と、菩提寺《ぼだいじ》すなわちその檀家に所属する人々のために葬式や法要を営む寺（菩提とは、仏の悟りの境地を指す語であったが、中世から、死者の冥福を祈ることを「菩提を弔う」というようになった）との関係、いわゆる檀家制度が成立した。この檀家と菩提寺との関係は、上は皇室と京都の泉涌寺《せんにゅう》（真言宗）や、徳川将軍家と江戸の増上寺（浄土宗）との関係から、下は一般の庶民に至るまで、寺院の規模などの面では差異があるとしても、基本的には同一であり、その限りで身分の区別と無関係であった。

古代の官寺や、また中世の武家政権が建てた禅宗寺院などは、本来は右のような死者の葬式などとは無関係であった。それらの寺の中にも、菩提寺としての役割を担うようになったものもあったが、一般の庶民のための菩提寺としては、もとよりそれらだけでは不十分であり、多数の民間の寺院が必要となる。それが村や町の「お寺」であるが、それら民間寺院の成立の時期に関しては、竹田聴洲氏の研究がある。その資料となったのは、元禄九年(一六九六)に作成された『蓮門精舎旧詞』という、浄土宗の寺院の由緒書《ゆいしょがき》を集めた記録である。それによれば、同書に登載された六〇〇八寺のうち、開創(中興を含む)年代が明記されている四四三五寺について みれば、一五〇一—七二年(文亀元—元亀三)の間に一五パーセント、一五七三—一六四三年(天正元—寛永二十)の間に六五パーセント、一六四四—九六年(正保元—元禄九)の間に一〇パーセントと、合せて実にその九〇パーセントが、十六、七世紀の二百年間に創立されている。浄土宗以外の各宗派については、これほど包括的な研究はないが、部分的な調査に基づく報告も、大体は同様な傾向を示している。

葬式仏教の歴史的意義

寺が創立されるとは、具体的にはどのような事態を指すのであろうか。竹田氏によれば、寺の源流をなすものとして、一つには、地域の有力者である武士的農民（地侍《じざむらい》）が、その屋敷の中に設けた持庵《じあん》（持仏堂）があり、また一つには、地域社会の人々が共同で宗教的行事（念仏講など）を営む場所としての惣堂《そう》があった。そのどちらかに、それまで修行のため各地を遍歴していた僧が定住するようになったとき、そこに寺が成立したと言えるのであろう。その僧の所属する宗派によって、寺の宗派も定まり、その宗派の本山との間に、本寺《ほんじ》と末寺《まつじ》との関係も結ばれる。檀家制度も本末制度も、通説としては江戸幕府により、鎖国以後の宗教統制のために作られた制度であったと考えられているが、前記の竹田氏の研究によれば、民間寺院の八〇パーセントが、鎖国直後の寛永二〇年（一六四三）までに成立している。この事実からすれば、檀家制度や本末制度は、権力による人為的なものではなく、それ自体としては自然発生的に成立し、江戸幕府はただ、それを政治的に利用しただけであったとみるのが妥当であろう。

寺院が死者のための葬式や法要を主たる任務とするようになったことは、仏教の本来の精神からすれば、逸脱であると見られ、そのため葬式仏教として批難されることも多い。しかし十五、六世紀のころに成立した日本の仏教は、確かにインドや中国の仏教とは性格を異にしているかもしれないけれども、すべての人が死後には葬式をしてもらえるようになったというのは、それ以前に比べると画期的な変化であり、人々の精神生活の上に重要な意味をもっていたのではあるまいか。阿弥陀仏か釈迦仏か、宗派によって頼りとする仏は同一ではないにしても、死ねば仏式の葬式をしてもらえて、必ず仏の世界に行くことができるのであれば、個人としてこれほど安心なことはない。その安心感に支えられて、現実の社会生活は充実したものとなるであろう。それが日本の葬式仏教のもつ本来の意味であり、そのような形において天台本覚論が現実のものになったともいえよう。

死者に戒名《かいみょう》を付けるのも、日本では普通の習慣となっているが、戒名とは、受戒した僧に授けられる名のことであり、受戒が仏教においていかに重要な儀式であったかは、奈良時代の鑑真や、平安時代の最澄の場合について、すでにみてきた通りである。その戒が、死ねば誰にでも授けられるというのは、死者を仏道に導き入れる意味であろうが、その点に日本仏教の特色が現れているのである。死者のことをホトケとよぶのも、明確には分らないが、このころから始まった風習であると思われる。

両墓制の成立

右のような形での仏教の普及にともなって、墓の様式も変化した。もともと古代の日本で前方後円墳に葬られたのは、天皇や、それに準ずる地域的支配者だけであり、その後の横穴式古墳や群集墳では、葬られる人の数は増加したが、それにしてもやはり有力者やその家族に限られていたと思われる。中世になると、奈良の元興寺《がんごう》極楽坊や高野山などに納骨する風習が生れた。極楽坊とよばれる本堂には、八世紀の僧智光《ちこう》が夢に見た極楽の姿を描いたと伝えられる浄土変相（智光曼陀羅《ちこうまんだら》、変相とは仏の教えを図にしたもの）が掛けられていて、ここが極楽への通路と信ぜられたようである。その本堂の須弥壇《しゅみだん》の下に納められ、あるいは柱や壁に打ち付けられた小型の木製の卒塔婆《そとば》に、火葬骨を入れた納骨塔婆が、二千点以上も残されている。鎌倉時代から室町時代にかけて、数は増加し、その代りに簡略な形となるが、それにしても奈良周辺の地方の有力者や武士などが主であったと推測され、京都の貴族のものもある。もともと火葬は、インドの風習が仏教とともに古代に伝えられたもので、上流社会から始まった風習であった。

これに対し、近世になると、身分や階層に関係なく、すべての人に墓が作られるようになるが、それは両墓制とよばれる特異な形態をとった。両墓すなわち二つの墓とは、埋《う》め墓と詣《まい》り墓とであって、別の場所に造られる。死者は埋め墓に葬られる（土葬）が、そこにはそれ以後は家族も近づかず、年忌の法事などは、すべて詣り墓で行われる。詣り墓は寺の近くにあるのが普通で、そこで行われる死者のための供養《くよう》も、仏式によっているから、この詣り墓は仏教の普及と関係があり、したがってこの二つの墓を造る風習も、さきに見たように仏教が普及した十五世紀前後のころに生れたものと推測される。ただしこの両墓制については、まったく記録がなく、ペリーの艦隊に随行して来た米人サムエル・ウィリアムズが、まだ小さな漁村であった横浜村で見聞したことを記しているのが最初のようであるが、そのことは、両墓制が日本人にとってはありふれた墓の造り方として、とくに注意を惹くことがなかったためであろう。

詣り墓が仏教の影響で生れたとすれば、古代以来の日本の一般の庶民の墓は、埋め墓だけであり、それは捨て墓ともよばれるように、死体遺棄に近い性格のものであったと推測される。古墳の被葬者が不明になっているのも、葬った時の儀礼は重要であっても、その後に継続して死者のための祭祀が行われるということはなかったからであろう。これも一種の遺棄である。

両墓制の風習は、現在でも奈良県や三重県など、近畿地方の農村に多く残っているが、都市でも同様であって、たとえば京都の場合を見ると、賀茂川の河原や、また東方の鳥辺野《とりべの》、北方の蓮台野《れんだいの》、西方の化野《あだしの》など、周辺に埋め墓があり、それとともに市内の菩提寺には詣り墓が設けられた。鳥辺野の入口に当る六道珍皇寺《ろくどうちんのうじ》の門前は、六道の辻（地獄・餓鬼・畜生・修羅・人間・

天の六道の分かれ道）であると言われ、境内には閻魔《えんま》堂がある。同様に蓮台野の入口のあたりにも、千本《せんぼん》閻魔堂がある。蓮台野の中にある船岡山に、織田信長を祀る建勲《けんくん》神社が建てられているのも、本能寺の変の直後、この船岡山の南にあった阿弥陀寺の僧らが、本能寺で戦死者の死体を収容し、葬ったことに由来している。ただし本能寺も阿弥陀寺も、豊臣秀吉の時代の寺院整理により、現在は賀茂川に近い寺町に移されている。同様に大阪の梅田（埋め田）や千日前、また江戸の小塚原《こづかっぱら》（骨が原）なども、もとは墓地であった。

ところで、死者を葬る前に、閻魔堂に参詣するのは、なぜであろうか。死者は閻魔の裁きをうけて、多くは生前の罪業《ざいごう》により地獄に落とされるのであるが、実はその閻魔の本体（本地仏）は地蔵菩薩であって、その慈悲により地獄から救い出してもらうことができる、と信じられていた。永遠の地獄ではなく、現世の罪などを超越した仏の慈悲を信ずるところに、仏教の特色があったのである。

なお、埋め墓に家族も近づかないように、仏教の普及とともに、浄化された霊魂に対比して、けがれの観念も明確になった。このことが、墓地の管理や牛馬の死体処理などに当たる人々への差別を強めた点にも注意する必要がある。

人を神に祀ること

すべての死者がホトケになることができるようになったとき、人が死後にカミになるという、新しい神信仰の方式が生れた。もともと記紀の神話でも、神に奉仕する女性の仕事である機織《はたお》りを、神である天照大神がしているというように、神と人との距離は近かったし、また八幡の神は応神天皇であるとする説も、早くからあった。しかし神話や伝説は別として、現実に存在した人が死後に神になるというのは、平安時代の早良《さわら》親王や菅原道真のように、不遇な最期をとげた人々が、怨霊になったとして、御霊社《ごりょうしゃ》などに祀られた事例があるだけであった。

正常に死没した人が神に祀られたのは、豊臣秀吉の場合が最初のようである。慶長三年(一五九八)に病没した秀吉は、神に祀られたいという遺言を残したらしく、没後まもなく、京都の東山の阿弥陀ヶ峯に墓を作るとともに、その麓にある方広寺のあたりに社殿を建設する計画が進められた。当初は「新八幡」とよばれ、源氏の氏神として武神である八幡の神と同列になって、子孫である豊臣秀頼らを守護する意図があったと推測される。死者はホトケとなるのが普通であるが、仏と神とは一体のものであるとする本地垂迹《ほんじすいじゃく》の思想は、平安時代からあり、本地(本体)である仏が、日本では神として現れている(「垂迹」すなわち迹《あと》を垂《た》れるというのは、目に見える形を現すこと。実際には神も目には見えないのであるが、インドの仏に比べれば、日本では神の方が現実的であるという意味で、このように表現する）と考えられてきたのであったが、吉田神道では逆に、神こそが本地であり、仏はその化現《けげん》である、と主張していた。その吉田神道の説に基づいて、秀吉は神となり、翌年には朝廷から豊国《とよくに》大明神という神号が与えられた。この豊国社の創立については、藤原氏の始祖である藤原鎌足を祀った多武峯《とうのみね》の廟《びょう》が、唯一の前例とされたようであるが、これも年月が経過するうちに、廟が神社に近いものと考えられるようになっていただけで、鎌足が神として祀られたわけではない。現在は談山《たんざん》神社となっているが、これはもとより明治維新以後のことである。

ただ最初でありながら、秀吉が神に祀られたことに、当時の人々が違和感を抱いた形跡のないのは注目すべき点で、実際にもこののち、徳川家康が日光東照宮に祀られたのをはじめ、近世以降は功績ある死者が神として祀られた事例は多い。それには前記のような本地垂迹の理論も作用していたであろうが、そのような高尚な理論を知らない庶民にとっても、「三社託宣」などに示されていたように、神は神としての威力を持ちながらも、人間に近い性格のものと考えられるようになっていたからであろう。現世ではその神によって守られ、死後は仏の導きによって極楽浄土へ行くことができるというのが、現在でも大多数の日本人にとっての宗教的信仰であり、これを国民的宗教とよぶとすれば、その成立の時期は、この十五世紀前後のころなのであろう。

第九章　近世国家の成立と歴史思想

中世から近世へ

鎌倉幕府が成立した十二世紀末のころから、朝廷はしだいに公権力の主体としての性格を失い、十四世紀に建武新政が失敗して以後は、足利氏を将軍とする室町幕府が実質上における中央政府となったが、しかしそこに国家の公権力が集中されたわけではなかった。鎌倉・室町時代の政治的支配は、荘園制(あるいは荘園公領制)を基礎としており、武家の幕府ばかりではなく、朝廷(天皇と院、ならびに貴族たち)も、また、有力な寺院や神社も、それぞれ荘園の領主として、政治権力を、すなわち国家の公権力を分有していたからである。これを権門《けんもん》体制とよぶことがあるのは、公家《くげ》(天皇を含む朝廷)と、武家(幕府に統合された武士たち)と、寺社との、三種類の権力者たちによって、国家権力が構成されているからであり、それが中世の国家の特色であった。

しかしやがて十五世紀のころになると、この体制は解体する。荘園や公領の現地での管理者であった荘官や地頭らは、それぞれの地域の小領主としての性格を強め、京都や奈良に住む上級の領主から独立するようになった。これが荘園制の崩壊であって、これにより旧来の国家体制そのものの実質が失われた。村や町が住民による自衛の組織を作らなければならなかったのは、このようないわば無政府的な社会状況に対処するためであって、それが古代国家成立以前の弥生時代の社会状況と似ているのは、さきに見た佐原真氏の指摘の通りである。

中世までの国家権力が解体すると、それに代る新しい公権力の形成をめざす動きが起こってくる。むしろそのような動きが起こったことによって、旧来の公権力が崩壊したというべきであろう。その動きとは、下級の武士や一般の庶民の間での「家」の形成と、その「家」の集まりとしての村や町など、地域の共同生活の組織の形成であった。これらの村や町は、それを直接に支配する小領主らとともに、しばしば連合して惣《そう》などとよばれる集団を作り、荘園領主や守護大名の支配に対抗して、土《ど》一揆《いっき》あるいは国《くに》一揆などとよばれる反乱を起こした。その限りでは反権力的な運動の母胎のように見えるが、それは旧勢力の支配に対する反抗であって、やがて新しい政治体制が形成されることに対してはあまり抵抗なく、その体制に組み入れられていった。その新しい体制の建設を主導したのが、十六世紀に各地に登場する戦国大名である。

役の体系としての近世国家

各地の戦国大名は、それぞれ独自の成長をとげたので、一律には論じにくいが、その政治の方針に、ほぼ共通し、かつ重要な意味をもっていたと考えられるのは、領内に検地を実施し、その結果に基づいていわゆる兵農の分離を目指した点であろう。検地は、荘園制のもとでの土地制度に代るものとして、農地などの実態を調査し、その生産力に応じて、新しい租税の制度を作ることを目的とし、その生産力は、貨幣による貫高《かんだか》、または米の量による石高《こくだか》で表示された。一般の百姓には、その租税が課せられるが、大名に仕える武士たちには、その一部ないし全部が免除され、その代りに軍事的奉仕の義務、すなわち軍役《やく》が課せられる。この時期の武士たちには、もとの荘官や地頭の系譜につながる国人と、それ以下の地侍《じざむらい》などとの階層はあったが、いずれも農村に居住し、戦時にだけ武士として活動するのが普通で、武士と農民との区別は明確ではなかった。その区別を「役」の有無ないしその種類によって明確にしようとしたのが、兵農の分離である。

「役」とは、古代の律令の中の「賦役令《ふやく》」によって規定されている通り、労働の奉仕を意味する語であった。古代の税制では、現物で納める租が比較的に軽かったのに対し、土地ではなく人身にかかる調や庸、また実際に労働を徴発する歳役などの負担が重く、その苦痛に公民が耐えられなかったところから、律令制の解体と、荘園制への移行という事態が生じたとされている。その荘園制のもとでも、領主に納めるのは、年貢《ねんぐ》と公事《くじ》であり、現物の年貢に対し、労働の奉仕ないしその代替物が、公事とよばれた。もともと「役」が、国家に対する主たる奉仕の義務であったから、その国家の公権力を分有する荘園領主に対する奉仕という意味で、公事と称せられたのであろう。同じ意味での「役」の語が、鎌倉幕府の御家人《ごけにん》が奉仕しなければならない京都大番役《おおばんやく》や鎌倉番役に用いられたのも、幕府が朝廷とならび公権力の主体としての性格をもっていたからである。さらにまた、鎌倉・室町時代を通じて、権門体制のもとで政治権力は分散しながらも、伊勢神宮の二十年ごとの遷宮《せんぐう》に際しては、役夫工米《やくぶくまい》の負担が、荘園や公領の枠をこえて全国（九州を除く）に賦課されていた。

このように見ると、戦国大名が領内の武士の「軍役」について定めたのは、単に大名と武士たちとの主従関係に基づく奉仕の義務の内容を定めたというだけのことではなく、国家の制度としての武士の義務を定めた、という意味のあったことに注目しなければならない。それは、いわば新しい国家の秩序を形成するための第一歩であった。武士ばかりではなく、百姓たちにも、築城や道路河川の修築などのために、労働の義務として夫役《ぶやく》が課せられた。また、領国の統治のために必要とされた城下町や港町には、商工業に従事する町人が集められ、それぞれの職種に応じて、「役」が定められた。

戦国大名の小国家は、やがて織田信長と豊臣秀吉によって統合され、天正十八年(一五九〇)に天下一統、すなわち全国を統一した新しい国家の成立をみることとなる。その国家の構成の原理は、戦国大名の場合と同一であり、秀吉は全国の検地(太閤検地)を実施し、兵農分離を一般化するとともに、伝統的な君主としての天皇の権威を背景とすることにより、実質上の主権者となった。秀吉が没して二年後、慶長五年(一六〇〇)の関ヶ原の戦いによって、全国を支配する権力は徳川家康の手に移り、その三年後に家康は、朝廷から征夷大将軍に任ぜられた。秀吉は、関白・太政大臣と、朝廷での最高の官職に昇ったが、天下統一のために形式的にせよ天皇の権威を利用したこともあって、その権力は朝廷からの分離が明確ではなかった。しかし征夷大将軍の称号は、鎌倉・室町両幕府の将軍の地位を継承することにより、武家として公権力を掌握したことを意味するものであった。しかも鎌倉幕府や室町幕府の将軍が、国家の公権力の半ば、あるいはそれ以上を掌握したとしても、その全部ではなかったのに対し、徳川氏の政権(江戸幕府)は、そのすべてを手中にし、朝廷に残されたのは、将軍を任命するという形式上の権限だけとなった。

この新しい国家の公権力は、「公儀《こうぎ》」とよばれた。すでに戦国時代から、大名が地域の公権力として「公儀」とよばれることがあり、それと区別する意味では、江戸幕府は大《おお》公儀ともよばれた。全国を支配するといっても、戦国時代以来の大名が各地に割拠する政治体制はつづいており、江戸時代には二百六十余の大名があった。しかし大名らは、それを統轄する幕府の命令によって、領地を他の所へ移されたり(国替《くにがえ》・転封《てんぽう》)、領地を没収されたり(改易《かいえき》)することが、とくに初期にはしばしばあり、領主としての自立性は不十分であって、むしろ地方官に近い面がある。しかもその大名の移動に際しては、百姓・町人を連れて行くことは許されず、武士団だけの移動にとどまった。

これにより武士と百姓・町人との、三つの身分が区分された。これを士・農・工・商と表現したのは、中国の古語に基づく学者らの用語であって、幕府や大名の公用の表現ではない。この身分制度は、職業による区分であるところに特色があり、それはこの時代の社会を構成した「家」が、それぞれ家業を営むことを目的とした組織であって、その家業の種類によって身分が分かれたことの結果である。職業による身分であるから、血統などによる身分とは違って、その区別は厳格ではない。しかも双系制の家族の伝統があるから、娘婿などの形で養子になれば、血縁のない者でも家業を継ぐことが可能であった。家業は単独相続が原則であるから、家長の地位は古代の氏《うじ》に似た一系系譜となるが、長男が家を継げば、二男・三男らは生活の途を求めて社会に出て行かなければならない。そのことが社会を発展させる一つの原動力ともなった。武士と武士との家の間など、同じ身分の中での養子も多いが、武士の子が町家や農家の養子となる場合もあり、その逆に庶民の子が下級の武士の養子となり、さらに上級の武士の家を継ぐといった事例もある。統計上の数値は不明であるが、かなりの社会的流動性があったと推定される。

もとより身分上の差別はあった。とくに苗字《みょうじ》と帯刀《たいとう》は、支配者層である武士の特権とされ、一般の庶民の中では、特別な功労のあった者だけに許可された。苗字(名字)とは、家の名であって、鎌倉時代に源氏の嫡流から分かれた新田《にった》・足利の両家が、それぞれの領有した新田郡と足利荘との地名を家名としたようなものである。武士だけが家名をもったということは、庶民社会にはまだ家が成立していなかったため、とみられることもあるが、それは誤りであって、百姓や町人の社会には、家号(屋号)があって、それで家名を表示していた。ただ実際に歴史上で家名を名乗ったのは、十二、三世紀ごろの武家や公家に始まり、庶民の間で家が形成されたのは、やや遅れて十四、五世紀ごろ以降であったから、家名として苗字を名乗ることが、上流社会の表徴とみなされたのであろう。もっとも武士といっても、十六世紀の兵農分離によって武士社会に組み込まれた人々が大多数であったが、それだけに武士としての誇りを、形に表す必要があったともいえよう。

しかし身分は区別されても、もともとは同じ農村や町の住人であって、その形跡は幕府や大名家のいかめしい制度の上に残されている。現在の大臣に相当する幕府の執政官は、老中《ろうじゅう》とよばれたが、これは鎌倉幕府の執権や室町幕府の管領《かんれい》とは異なり、「老」は純然たる日本語であるオトナの当て字である（「中」は複数の意味）。年寄《としより》というのも、また大名家で家老というのも、同様である。オトナやトシヨリとは、十五世紀ごろに形成された村や町の自治組織を代表し、その運営にあたる人々の名称であった。また、このころからの村や町では、オトナの指導のもとで、未婚の青年たちが若衆《わかしゅう》あるいは若者組などとよばれて、村や町の行事の実施にあたっていたが、江戸幕府で老中に次ぐ政務官が若年寄《わかどしより》とよばれたのも、それと関連があろう。つまり江戸幕府や大名らの政治組織は、村や町の自治組織と同じ原理で構成されていたのである。

そのような共通性は、さきに述べた「役」についても認められる。武士は軍役を負担するとともに、平時には政治上のさまざまの職務につく義務があったが、軍役と同様にそれらの義務も「役」とよばれた。幕府の老中や若年寄には、大名（譜代大名）が任ぜられたが、それらも「重き御役」であり、大名家の家老らは一般の武士たちから「御重役」とよばれた。将軍は朝廷から任命された「職」であるが、それ以外の職務はすべて「役」なのである。その「役」に服務する者が「役人」である。庶民の社会についても、初期には夫役を負担する百姓（のちに本百姓とよばれる）の全員が「役人」と称せられたが、中期以降は村や町の行政に従事する百姓や町人が、村役人・町役人とよばれる。この「役人」という呼称が、明治以後の官吏や公務員についても、一般に使用しつづけられていること、またその執務の場所としての市役所・町役場などの名称は、現在でも公式に用いられていること、さらに企業においても重役や役員などの語で、管理者としての地位を表現していることは、周知の通りである。

「役」という文字は、古代に中国から伝来したが、右のような役人や役所といった熟語は中国語にはない。役人という語はあっても、それは単に労働を強制される人という意味であるらしい。その意味での用法は、現代の日本語にもあって、労役・懲役などがそれであるが、その場合には漢音で「エキ」と訓《よ》んで区別している。これに対し古来の呉音《ごおん》による「ヤク」は、前記のように国家や地域、あるいは企業の一員としての自覚に基づき、その責任を主体的に担おうとする際の任務を表現するもので、誇りある観念である。このような自覚ないし自発性に支えられた役割分担の組織を、「役の体系」とよぶことができるとすれば、それこそが十六世紀に成立した新しい国家の特色をなすものであるとともに、歴史の歩みの中で日本人が作り上げてきた独特の生活文化であったといえよう。

国家に対する「役」の分担という点では共通しながら、武士と町人は城下町などに集住し、農・山・漁村には百姓が住むという形で兵農分離が行われた結果、武士が町人や百姓の職業活動に直接に干渉することは、ほとんどなくなり、町は町の、村は村の、それぞれの自治に委ねられる面が大きくなった。それにより、それぞれの身分に対応した技術や学問のめざましい発展がみられることとなる。主産業である農業では、品種の改良や肥料の利用、また商品となる作物の栽培などについて、生産者による工夫が重ねられ、その経験を記録した農書が各地で数多く著述された。建築や織物、陶芸など手工業者（職人）による各種の技術も進歩し、商業の面でも、為替や先物取引などが発達する。このような各種の分野での生産技術の発展は、やがて十九世紀後半に至り、西洋の近代産業が導入されたとき、それを理解し受容するための基盤となった。それとともに、武士層を中心に発展した政治や軍事に関する学問などにより、急速に西洋風の近代国家としての体制を整えることができたのも、近世すなわち江戸時代の社会や文化が、西洋近代文化に適応できる条件を具えていたからである。近代とは何か、を定義することは困難であるが、右のようにみれば、日本史上の近代は、十六世紀の近世国家の成立とともに始まったと考えてよいのであろう。

キリシタン禁制と朝鮮出兵

新しい統一国家の成立により、外国との関係の上でも、さまざまな変化が生じた。戦国時代の天文十八年(一五四九)に、フランシスコ・ザビエルによって伝えられたキリスト教(カトリックの一派であるイエズス会の教え)は西日本に広まっていたが、天正十五年(一五八七)に九州征伐のため博多に来た豊臣秀吉は、長崎が教会領になっていることなどを知って、布教を禁止し、宣教師の国外退去を命じた。これが最初の禁教令であるが、国家の統一性を侵害されることに対する危惧が、その主要な動機となっている。ついで慶長元年(一五九六)に、四国の土佐に漂着したスペイン船サン・フェリペ号の船員が、布教したあとで軍隊を派遣して領土とする、と放言した事件があり、これを聞いた秀吉は、禁令に反して潜入していた宣教師らを捕え、長崎に送って処刑した。これを教会の側では二十六聖人の殉教とよぶが、宗教の内容ではなく、国政上の理由によって生じた事件である。

やがて慶長五年三月に、オランダ船デ・リーフデ号が九州の豊後《ぶんご》の海岸に漂着すると、徳川家康は江戸に同船を廻航させ、航海士のウィリアム・アダムス(イギリス人)とヤン・ヨーステン(オランダ人)とを厚遇して、布教をしないことを条件に、英・蘭両国との貿易を開こうとした。オランダ人による長崎貿易の独占はその結果であり、これがいわゆる鎖国であるが、それもカトリックの布教に対する警戒心から生じた事態であった。

外からの侵略を恐れるとともに、逆に近隣の地域に対しては、新しい国家はその勢力範囲を広げようとした。北方のアイヌに対しては、蠣崎《かきざき》氏（のち松前氏）を蝦夷島主に任じて、津軽海峡以北を支配させた。南方の琉球国に対しても、秀吉の時から征服の意図はあったが、それが実現したのは、慶長十四年（一六〇九）に、薩摩の島津氏が江戸幕府の承認のもとに琉球に進攻し、これを事実上の支配下に置いてからである。文禄元年（一五九二）から慶長三年（一五九八）に至る朝鮮出兵も、このような対外政策の一環をなすものとして理解されなければならない。結局は失敗に終ったとはいえ、それは秀吉の気まぐれなどによって起こったことではなく、全国の諸大名の総力を結集した国家的事業であった。二十世紀末の現在の価値観からすれば、それが無意味な侵略と評価されるのもやむをえないが、当時の人々の考え方はまた別である。現実にもこの日本の出兵からまもなく、満洲の地に興った女真族の後金国（のち清国）は、一六二七年と一六三六年との二度にわたり、朝鮮に出兵して、明と結ぶ朝鮮国王を降伏させ、これを属国としている。そののち一六四四年に北京に入った清朝は、明の旧領を支配下に入れるとともに、モンゴル、チベット、さらにウイグル人の地域まで、領土を拡張した。また、時代はやや遅れるが、フランス革命の直後、十八世紀末から十九世紀初頭に、ナポレオンの率いるフランス軍が、イタリア、ドイツ、スペインを征服し、さらにロシアまで遠征して失敗したのとも、似ている面があるように思われる。秀吉の朝鮮出兵に関しては、このような世界史的な視点からの考察が必要とされるようである。

桃山文化の特色

桃山文化とよばれるのは、安土桃山時代(一五六八―九八年)、すなわち織田信長と豊臣秀吉とによって天下統一の事業が進められた時代の、文化の意味であるが、これは主として美術史の分野で使用される時代名称であって、しかもその場合には、江戸時代初期、すなわち十七世紀初頭のころまでを含めて、桃山文化とよぶのが普通である。もともと桃山とは、秀吉が大阪城とともに本拠とした伏見城が、関ヶ原の戦い(一六〇〇年)で廃城となったのち、桃の木がその地に植えられたことに基づく名称であって、当時の用語ではない。

この時代の文化の特色として、次の三つの点に注目したい。第一には、実用的・機能的であることが、かえって新しい美しさを生み出していることである。軍事的な防禦の施設である城が、日本特有の美術的な建築様式の一つとなっているのは、そのためであり、それには城が、単なる軍事的要塞ではなく、地域の政治的中心として、そこに住む人々から仰ぎ見られる権威の象徴であったことも作用していたといえよう。城の土台である石垣の斜面は、直線状であるにせよ、または扇の勾配とよばれる曲線をなしているにせよ、日本の城に特有の美を構成しているが、この石垣も、その外側の堀とともに、実用的な防御設備であったことはいうまでもない。

第二には、行動性ということが挙げられよう。これは静的な鑑賞の対象ではないという意味であって、たとえば姫路城に見られる迷路のような建物の配置や、桂離宮や修学院離宮に代表される廻遊式の庭園などの構造に示されているように、行動するにつれて現出される美しさである。また第三には、社交性というべきものがある。これはこの時代の城郭の中に設けられた書院造りの御殿《ごてん》、とくにその中でも対面所《たいめんじょ》などとよばれる接客のための部屋に代表されるが、そればかりではなく、襖《ふすま》や壁で仕切られ、金碧濃彩《きんぺきのうさい》の華麗な障壁画で装飾された他の部屋の多くも、個人の居室ではなく、対話や社交的儀礼など、集団的活動の場としての性格を具えている。前の時代の会所の伝統が、そこに受けつがれていると考えられる。

歴史の時代

学問や思想の分野についてみると、この時代の特色をなすものとして、古代から当時の現代までを通観した歴史書の編纂が注目される。江戸幕府の事業としての『本朝通鑑《ほんちょうつがん》』（一七三巻、寛文十＝一六七〇年完成。内容は、神武天皇から後陽成天皇（一六一一年）まで）と、水戸藩の第二代藩主徳川光圀が編纂を始めた『大日本史』（明暦三＝一六五七年に着手、明治三十九＝一九〇六年完成。内容は、神武天皇から南北朝時代まで）とは、いずれも公的な機関による日本の通史の編纂であるが、このような事業の前例としては、七世紀末の天武朝に開始された『古事記』と『日本書紀』との場合があるだけである。その記紀が、古代国家の成立の由来を説明するために編纂されたものであったのと同様に、十七世紀初頭のころに生きた人々も、その古代国家とならぶ第二の統一国家、すなわち近世国家の成立に際し、その成立の由来を明らかにするために、古代以来の歴史の流れの全体を通観する必要を感じていたのであろう。右の二つの公的な事業のほかにも、山鹿《やまが》素行《そこう》（一六二二―八五年）の著した『中朝事実』と『武家事紀』、また新井白石（一六五七―一七二五年）による『古史通』と『読史余論』の著述など、古代以来の日本の歴史を全体として記述しようと試みたものが多く現れている。新しい時代が始まったことを意識し、その視点から過去の歴史の全体を整理してみようとする意図が、このころの人々にはあったと考えられるのである。

儒学の歴史観

易姓《えきせい》革命を是認する儒学の歴史思想については、すでに平安時代初頭の桓武天皇や、また南北朝時代の歴史書などに、その影響が認められることを述べたが、その歴史観を本格的に受容し、それに基づいて日本の歴史を再構成しようとした点でも、右に挙げた歴史書はほぼ共通している。ただし『本朝通鑑』は編年体であるため、必ずしも明確には歴史観が示されていないが、この編纂の事業の中心となった林羅山《らざん》・鵞峯《がほう》の父子の歴史思想は同じ立場であった。

易姓革命の歴史観を日本の歴史に適用したことが最も明確なのは、『大日本史』と『読史余論』の場合である。『大日本史』の内容は、南北朝時代の終末である明徳三年（一三九二）までとなっているが、日本史の記述を南北朝時代までで完結したものとみた理由は、どこにあったのであろうか。『大日本史』では、南朝正統論の立場をとったことがよく知られているが、その正統である南朝の滅亡とともに、古代以来の天皇の国家の歴史も終ったとみる考え方が、本書の最初の構想にはあったのであろう。安積《あさか》澹泊《たんぱく》（名は覚、一六五六―一七三七年）はその回想の中で、本書の初期の構成では、北朝はまったく天皇とは認められていなかったことを指摘し、「異邦革命の世」すなわち中国のような易姓革命のある国の歴史であれば、このような書き方でよいのかもしれないが、日本ではどうか、という疑問を抱いたと記している。いうまでもなく北朝は、室町時代から江戸時代へとつづく天皇の祖先である。ただ『大日本史』では、南朝の滅亡後、新しい王朝を建てたのが誰であったかについては触れていないし、澹泊が見た初期の稿本も、そののち光圀の晩年のころから、明徳三年に北朝の天皇であった後小松天皇の一代(一四一二年まで)を本紀に立てて記述するなど、しだいに改訂が加えられたため、革命史観に基づく日本史という性格そのものが、江戸時代後期以降に出版された現行本では不明瞭になっている。

これに対し、新井白石の『読史余論』には、その革命の図式が明確に示されている。本書の上巻では、平安時代中期に摂関政治が始まって以来、朝廷の政治がしだいに衰えていった過程を、「九変」すなわち九段階の変化として記述し、その最後に南朝が衰亡して以後は、「天下の人、皇家あることを知らず」と、天皇の朝廷そのものが実質上において消滅したとする。次の中巻では、やはり南北朝時代までの武家の勃興の過程を述べ、南朝の滅亡以後、すなわち室町幕府の三代将軍足利義満の時代から、江戸幕府の成立までを、下巻で記述する。この中巻と下巻との武家の歴史にも、「五変」があるが、義満以後はまったく「武家の代」となったとし、さらにそれが徳川家康によって完成された、とする。これは明らかに、南朝までつづいた天皇の朝廷のあとに、新しい武家の王朝が成立したとみる、徹底した革命史観の表現である。

このような儒学の歴史思想に基づく日本史の解釈は、必ずしも日本史の実態に適合せず、そのため江戸時代中期以降には修正を加えられてゆくこととなるが、しかしそれは単なる観念上の遊戯にとどまるものではなく、為政者が正しい道徳を守り、正しい政治を実践するのでなければ、天命を失って亡びなければならない、という教訓を、具体的な歴史の叙述を通じて伝えた点で、社会的に大きな影響を与えた。『読史余論』は名著として、白石の著書の中でも最も広く江戸時代には読まれた書物である。

儒学の普及

歴史書を通じてばかりではなく、広く一般の武士や庶民の間に儒学の思想が普及しはじめたことも、この時代の文化の特色をなしている。すでに戦国時代から、大名らの間で、儒学の知識をもつ禅僧を側近に置き、その講義を聞くことが始まっていた。京都と鎌倉の五山とよばれる臨済宗の大寺院や、また関東地方の足利学校（栃木県）などは、そのような禅僧を養成する学校としての機能をもっていたのである。また公家の中にも、儒学（明経道）を専門とする清原家などがあった。しかしこれら僧侶や貴族など、特殊な身分以外の、一般の社会人の間から儒学者が現れるようになったのは、藤原惺窩《せいか》（一五六一—一六一九年）と、その門下の林羅山（一五八三

—一六五七年)らが、最初である。とくに羅山が慶長八年(一六〇三)に、京都の市中で、和学(歌学)者の松永貞徳《ていとく》らとともに、公開の席で『論語』を朱子の注釈によって講義したのは、画期的なできごとであった。公家の清原秀賢《ひでかた》は、それまで儒学の知識を秘伝として、狭い師弟の間だけで教授してきた慣習を「国法」であるとして、羅山らの公開講義を禁止するよう徳川家康に訴えたが、家康は笑って取り合わなかったという。この翌年、羅山は惺窩に入門し、さらに慶長十年には家康に拝謁して、幕府に出仕し、こののち子孫である林家は、幕府の儒者を代表する地位を世襲した。

そのほか、出版も盛んになり、それを通じて儒学の道徳思想が広く普及した。その一例として、京都の儒学者朝山《あさやま》意林庵《いりんあん》が著した仮名草子『清水《きよみず》物語』は、対話の形式の平易な教訓書であるが、寛永十五年(一六三八)に出版され、「京や田舎(農村部)」で、二、三千部も売れたと伝えられる。新しい時代を迎えて、人々は自己の心の拠りどころを求めていたのであろう。

第十章　元禄文化

近世社会と仏教思想

織田信長が比叡山の延暦寺を焼討ちした（一五七一年）ことや、また一向一揆の本拠である石山（大阪）本願寺を攻めて、これを退去させた（一五八〇年）ことなどにより、信長に始まる近世の統一権力は、仏教教団と対立し、その宗教的権威を否定する方針をもっていた、と考えられている場合がある。また、このように仏教の権威を否定したところから、近世の社会や文化の特色をなす現世主義の傾向が生れた、とみられることもある。しかし信長が政治的に対立したのは、世俗的な勢力としての仏教教団とであって、仏教ないし宗教そのものとではなかった。延暦寺は、中世には大きな荘園領主として、有力な権門の一つであり、戦国時代には浅井・朝倉両氏など大名と結ぶことにより、信長に軍事的脅威を与えていた。また一向一揆は、戦国大名の領国に組み込まれることのなかった地域において、国人《こくじん》・地侍など在地の小領主らが連合し、本願寺の権威を背景に、地域ごとの政治権力を形成したもので、むしろ国一揆《くにいっき》（国人一揆）の一種とみることができ、一向宗（浄土真宗）の信仰がその結集に重要な役割を果したとはいえ、純粋な意味での宗教的組織とはいいがたい。石山をはじめ各地の一向一揆が解体されると、兵農分離が実施されるが、蓮如《れんにょ》(一四一五―九九年)の指導のもとに拡大した教団の勢力そのものは存続した。石山を退去した法主《ほっす》の顕如《けんにょ》は、豊臣秀吉のとき京都に本願寺(西本願寺)を再興し、その子教如《きょうにょ》は、徳川家康の援助を受けて東本願寺を創建した。延暦寺も秀吉の時代に再建されている。

近世の現世主義的な風潮に対し、中世には宗教の力が大きかったことは事実である。鎌倉仏教の成立から、その普及に至る過程が、そのことをよく示している。とくに演劇については、十四世紀に観阿弥《かんあみ》・世阿弥《ぜあみ》らによって確立された能と、十七世紀以降の歌舞伎とを比較すると、前者とくにその主流をなす夢幻能《むげんのう》に、宗教的色彩の濃いことが注目される。夢幻能とは、ある地に来た旅僧《たびそう》(ワキ)の前に、見知らぬ人(前シテ)が現れて、その地にまつわる昔のできごとを語り、やがて旅僧が眠ると、夢の中に昔の人物(後《のち》シテ)が現れて、生前のことを語り、舞を舞って、僧の供養を頼みながら消える、という形式である。亡霊として現れる過去の人物には、武将(修羅物《しゅらもの》)や女性(鬘物《かつらもの》)が多く、戦乱の中で悲壮な最期を遂げたり、あるいは平安時代以来の物語の中で不幸な恋愛に苦しんだりした人が、主人公になっている。戦乱の時代であった中世には、不幸な死者を見聞することも多く、その鎮魂への想いが、このような形式の演劇を生んだのであろうか。それは古代の怨霊に似ているが、もはや祟《たた》ることはなく、ただ仏教による救済だけを求めているのである。

近世になると、能や謡曲は、主に幕府など武家社会の式楽《しきがく》（儀式の際の楽劇）として生きつづけたが、歌舞伎や人形浄瑠璃など新しい演劇などには、そのように明瞭な宗教性は現れない。これは宗教の否定ではなく、さきに見た神社や寺、また墓などが、いわば社会制度として日常生活の中に定着したためであろう。死者の弔《とむら》いもその鎮魂も、非日常的なできごとではなくなったのである。

この新しい時代の仏教思想として注目されるものに、鈴木正三《しょうさん》（一五七九―一六五五年）の著『万民徳用』がある。正三はもと徳川家康に仕えた武士で、四十二歳のときに出家して、曹洞宗の僧となった。右の書の中では、武士・農民など、それぞれの身分に応じて、職分を遂行することが、すなわち「仏行《ぶつぎょう》」、仏としての行為である、と説く。農民については、「農業則ち仏行なり」といい、「夫《そ》れ農人と生《せい》を受くる事は、天より授け給へる世界養育の役人なり」と、食物を生産して世の中の人々を養うことで、人々のために役に立っており、すなわち仏の慈悲の心の実践である、とするのである。同様に、「鍛冶《かじ》、番匠（大工）をはじめ、諸職人なくしては、世界の用所《ようしよ》調《ととの》ふべからず、武士なくして、世《よ》治《おさま》るべからず、農人なくして世界の食物あるべからず、商人なくして、世界の自由なるべからず」と、職業的活動そのものに宗教的な意味のあることを説いている。このような考え方は、正三の場合ほど明確には意識されなくとも、この時代の社会に生活した人々の間に、共有されていたと考えられる。

元禄文化とは

十七世紀の終りごろから十八世紀初頭にかけて、おもに上方、すなわち京都・大阪を中心に発展した文化を、元禄文化とよんでいる。近世国家の成立から約百年の間に、目ざましい経済発展があり、米の生産高は十六世紀の終りに約千八百万石であったのが、十八世紀初頭にはおよそ二千五百万石となった。各種の産業も発達し、その経済力を背景に、新しい文化が花開いた。しかし、元禄文化を、単に経済力をもった都市の町人の文化であると考えるのは単純すぎる。桃山文化が政治的な支配者・権力者の世界を中心としていたのに対し、元禄文化に庶民的色彩が強いのは事実ではあるが、庶民といっても、必ずしも町人の出身ではなく、元禄文化の中で活動した人々には、近松門左衛門など武士の出身者もかなり多かった。全体として、華やかな現世的な文化である点は、桃山文化と共通している。たとえば尾形光琳《おがたこうりん》の「燕子花図屏風《かきつばた》」や、浮世絵の創始者として有名な菱川師宣《ひしかわもろのぶ》の「見返り美人図」などが、この時代の絵画を代表するが、桃山時代と比べると、元禄時代のものには、いくらか落ち着いた、内面性とでもいうべき特色がでていると感じられる。単に権力者の文化から町人の文化になったというのではなく、むしろ公的な会合の場と結びついた文化から、私的な個人の内面性を表現する文化に変っていった、といえるのではないであろうか。

まず、元禄文化の流れを概観すると、延宝八年(一六八〇)、徳川綱吉《つなよし》が五代将軍に就任した年に、松尾芭蕉《ばしょう》が深川の芭蕉庵に入る。このころから芭蕉の独自の俳諧師としての活動が始まった。また、二年後の天和二年に井原西鶴の『好色一代男』が刊行された。これが西鶴の浮世草子の最初の作品であり、近世の本格的な小説の出発点をなしたものである。その二年後の貞享元年、竹本義太夫《ぎだゆう》が大阪に竹本座を作り、近松門左衛門が前年に作った『世継曾我《よつぎそが》』という浄瑠璃を上演した。これから義太夫と近松との提携によって次々と新しい作品が上演されていくことになる。

元禄元年(一六八八)には、西鶴が『日本永代蔵』を刊行した。町人の生活をリアルに描いたもので、この後の『世間胸算用』とともに、西鶴が最後に到達した段階を示す作品である。元禄二年には、芭蕉が『奥の細道』の旅に出ている。四年には、幕府は江戸の湯島に聖堂を作り、儒学を尊重する方針を示した。

元禄九年刊の宮崎安貞《やすさだ》の『農業全書』は、近世の農書を代表する。ほかに和算の分野での関孝和《たかかず》の活動など、自然科学の発展も、この時代の特色をなしている。

元禄十六年、近松門左衛門が『曾根崎心中』を上演した。これは実際の心中を題材として、それを脚色したものであるが、以後、近松は「世話物」とよばれる町人の生活を描いた作品を次々に作っていく。

宝永六年(一七〇九)に綱吉が亡くなり、家宣《いえのぶ》が六代将軍になると、新井白石が補佐した。正徳二年(一七一二)に家宣が没し、その子の家継《いえつぐ》がまだ幼い五歳で将軍になるが、三年後に亡くなった。これにより二代将軍秀忠以来続いた将軍の血統が絶え、分家である紀州家、すなわち和歌山藩主であった徳川吉宗《よしむね》が八代将軍として幕府に入って(享保元＝一七一六年)、いわゆる享保改革を行うことになるが、享保年間に入ってもなお近松の活動は続いている。元禄文化といっても、元禄年間だけではなく、前後に幅を広げて考えるのが普通である。

元禄文化の社会的背景

桃山文化が「公」的な組織(国家)の全体性を表象するという性格が強かったのに対し、元禄文化は、「私」的な個人の内面性を表現するという違いがあるとすると、それは文化の成熟を意味することであるといえる。一人一人が自分の生き方について考える、あるいは、自分なりの芸術や学問を作ろうとする。権力に頼るのではなく、自分自身あるいは支持者がそれだけの経済力をもつようになり、それが文化としての実を結んだのが元禄時代であろう。文化の成熟であると同時に、近世の社会が成立してからおよそ百年が経過したため、「公」的なものと「私」的なもの、つまり、政治権力と個人の生き方との間に一種の矛盾が生れてくる。その対立関係は具体的にいうと、将軍とか大名の権力が強くなり、専制化するという形で現れてきた。本来は自治組織から発達した国家であると前述したが、それに反するような傾向も、完成した国家の組織の中では当然ながら進んでくる。

道徳というのは、自発的であるのが本来の姿であるが、それもしだいに外部から強制されるものという性格を帯びてくる。五代将軍綱吉はそういうことを好む人で、天和二年(一六八二)に綱吉が出した高札《こうさつ》には、「忠孝をはげまし、夫婦兄弟諸親類にむつまじく、召仕《めしつかい》の者に至るまで憐愍《れんびん》を加ふべし、若《も》し不忠不孝の者あらば重罪たるべき事」とある。これ以前には、キリシタンを禁止するとか、人身売買をしてはならないという高札はあったが、「忠孝」というような道徳的教訓を高札として町や村の辻に立てることはなかったし、しかもその道徳を刑罰によって強制しているところに、この時代の一面が示されている。

そのような矛盾が表面化した一つの事例が、有名な赤穂《あこう》事件（浅野内匠頭《たくみのかみ》の家来が、元禄十五年十二月に吉良上野介《きらこうずけのすけ》を襲撃した事件）である。のちに『仮名手本忠臣蔵《かなでほんちゅうしんぐら》』（一七四八年）という芝居に脚色されて、現在まで非常に人気があるが、この事件の性質を考えてみると、もともと敵討ちというのには当らない。なぜなら、吉良が浅野を殺したのであれば、敵を討つというのも筋が通るが、そうではなく、斬りかけたのは浅野の方である。浅野は殿中で刀を抜いたという理由で切腹させられたが、これは幕府の法規に従って処罰されたものである。それに対して吉良の方はとくに何もしていないから、お構いなしということになった。しかしこれが、当時の世間の観念からすると「喧嘩両成敗《けんかりょうせいばい》」の原則に背いていると考えられた。

喧嘩両成敗は、幕府の法律ではないが、当時の人々は天下の「大法」であると信じていた。もともとこれは、中世末期の自治組織の中で自然に生まれてきた一種の慣習としての法である。自治組織の中では、対立が生じると困るので、そうした場合には両方が悪いというかたちで処理し、それによって対立が起こらないようにするという原則ができた。それが江戸時代になっても一般社会の人々の間では、争いを解決する場合の原則という意味で、天下の「大法」と考えられていたのである。ところが、幕府はそれを法と認めず、幕府自体の法に基づいて裁判をし判決を下したのであるが、そこに矛盾が生じたのである。もと赤穂浅野家の家来大石内蔵助《くらのすけ》ら四十六人(あるいは四十七人)が吉良の屋敷を襲い、吉良上野介を殺したが、これは、主君の敵を討ったことでもないし、忠臣蔵といわれるほど、忠義のためにした行動でもないように思われる。むしろこれは喧嘩の継続であって、主君が始めた喧嘩が失敗に終り、しかも相手が無事であるというのでは、やはり不名誉なことであるから、その喧嘩を最後までやり抜くことによって、喧嘩両成敗の法を自分たちの力で実現させたというのが、この事件の本質ではないかと私は考えている。つまり幕府の法に基づいて裁判をするという政治方針と、民間の慣習としての法の観念との間に、矛盾が生れていたと見られる。まさに「公」的なものと「私」的なものとの分裂である。

喧嘩の継続などというと、無駄なことのために命を捨てる、と考えられそうであるが、亡き主君の不名誉は、家臣の不名誉でもあるとして、命をかけて名誉を守ろうとしたのは、『平家物語』以来の武士の精神であり、そのいさぎよさが一般の庶民の心にも訴えたのであろう。この行動は、ヨーロッパの中世法でいう自力救済(ドイツ語ではSelbsthilfe)すなわち自己の名誉を自己の武力で守ること、とも似ている。なお、刃傷の原因として、賄賂を贈らなかったために意地悪をされたというのは、想像で作られた話らしく、当時の確実な記録には見えないし、大石らもそのようなことはまったく語っていない。

儒学の受容

「公」的なものと「私」的なものとの対立関係は、儒学の受け入れ方にも現れている。綱吉は学問を尊重し、自分で経書すなわち儒学の古典の講義をして、大名や旗本たちに聴かせた。また一六九一年（元禄四）には、湯島に孔子を祀る聖堂を造り、林家の三代目の林鳳岡《ほうこう》に管理を任せたが、その時の幕府の命令をみると「開基」に任ずると言っている。開基というのは、寺ができた時の初代の住職を指す語で、幕府は、一種の寺院に近い性格のものとしてこれを考えていたことがわかる。実際にもここに林家の私塾はあったが、聖堂はまだ幕府の学校ではなかった。

それ以前の幕府の中における林家の待遇をみると、林羅山が慶長十年（一六〇五）に家康に仕えるが、その時から儒学が幕府の官学になったといわれ、幕府の体制を支える学問として儒学が機能したと考えられることが多いけれども、実際はそうではない。羅山は幕府では道春という僧号でよばれ、一種の僧侶として扱われた。これは室町時代以来の伝統で、室町幕府では五山の禅僧を政治の顧問とし、とくに外交や貿易の面で利用することが多かった。その伝統が豊臣秀吉に、さらに江戸幕府にも受け継がれたのである。『本朝通鑑』を完成した二代目の鵞峯《がほう》、三代目の鳳岡も、春斎と春常という僧号でよばれていたが、湯島聖堂ができた時、鳳岡は、初めて髪をのばして武士の姿になることを許され、大学頭《だいがくのかみ》という官名を与えられる。この時になってようやく儒学者が、幕府の中でほかの武士と同列の待遇を受けるようになったといえる。

湯島の聖堂のほか、各地でも学問を愛好する大名らが聖堂を造っている。佐賀県の多久《たく》の聖堂は、一七〇八年ごろに造られた建物であるが、四月十八日(孔子が生れた日)および十月十八日に、釈菜《せきさい》とよばれる孔子を祭る儀式を現在も行っている。しかし、多久の聖堂にせよ、湯島聖堂にせよ、中国の儒学の文化を受け入れ、それを形に現した事例としては重要なのであるが、一般の人々の生活やものの考え方にどれほどの影響を与えたかというと疑問がある。むしろ将軍綱吉をはじめ、学問を愛好した上流の人々の趣味に近いものではなかったかと思われる。それが儒学の受容の一つの側面で、権力者が建物を造るとか、儀式を行うという面である。

これに対し、一般の人々の間にも十七世紀を通じて儒学の普及がみられる。たとえば、十七世紀の前半に活動した中江藤樹《なかえとうじゅ》(一六〇八―四八年)は、もとは四国の大洲藩の武士であったが、郷里である近江の小川村に帰り、二十七歳から四十一歳まで学問に専念し、独創的な学問を築き上げる。彼は、羅山を「能《よ》くものを言う鸚鵡《おうむ》」だと批判している。羅山は博識の学者であるが、独創性がなく、実際の生活の上に儒学の教えを活かすこともない。ただ口先で真似ているだけだ、という意味である。

藤樹自身は、「時処位」論を唱える。これは、人には、正しい行動の仕方があるが、それは決められた礼法に従って行動すればよいというものではなく、自分の心のあり方にこそ基本があるとし、心さえ純粋で正しくあれば、時、処、位に応じて、どのような行動をとれば道徳に合致するかは、自分で判断できるとする考え方である。これはむしろ礼法は無用だとする考え方となる。藤樹に限らず、一般に近世の日本では、儒学は礼法よりも精神の面だけで受け入れられた。つまり、心の教えとしてだけ受け入れられ、そのため誰にでも学ぶことができるものとなったのである。

こういうことは、儒学を生み出した中国ではみられないことである。中国では、士大夫《したいふ》とよばれる知識人が、儒学を学び試験を受けて官僚になっていくのが普通で、一般の人々の生活は、儒教ではなく道教によって規制されるのが普通であった。十四世紀にできた李氏朝鮮国の場合も、儒学を国教としたが、儒学を学ぶのは、両班《ヤンバン》とよばれ官僚となる上流階級の人々にほとんど限られていた。しかも礼法を重んじるということが、中国でも朝鮮国でも非常に厳格であった。日本の場合には、礼法から切り離して精神だけを学ぶという点に、儒学の普及の特色があったのである。

新しい芸術の創造

芭蕉(一六四四―九四年)の生活を、外面的にみると、隠遁者であるといえないことはない。しかし、芭蕉自身は決して現実社会から離れた芸術を生み出そうとしていたわけではない。むしろ、新しい現実、つまり江戸時代あるいは近世という新しい時代にふさわしい芸術としての俳諧を、伝統的な和歌とか連歌、あるいは利休の茶、雪舟の絵などと同じ水準にまで高めようとして、独自の道を歩んでいったのである。その芭蕉が晩年に「高く心を悟りて俗に帰るべし」と言っている。これは門人の土芳《どほう》が、『三冊子《さんぞうし》』という本の中に師の言葉を書き留めたものである。あくまで現実から離れない、しかも内容としては精神的に高い境地を表現した芸術を作ろうとするのである。

西鶴(一六四二―九三年)の『好色一代男』は、世之介という男性が、七歳から六十歳までの間、さまざまな女性と交際した話を描いた物語である。この五十四年間ということに意味がある。平安時代の『源氏物語』は、五十四帖から成っている。五十四という数字から、当時、古典についてある程度の知識のある者であれば、すぐに『源氏物語』を連想した。西鶴も最初からこれを念頭において作っている。そのため、この『好色一代男』は、「俗源氏」と当時よばれた。

この「俗」とは、下等である意味ではなく、むしろ、現実の世界を舞台としながら、古典の最高峰である『源氏物語』と対等な文学を作ったことを、賞賛する意味の表現であった。西鶴の小説にも、初期と晩年とでは変化があり、国文学者の中村幸彦氏の説によれば、初期の西鶴は、説奇（珍奇な話を語る。『好色一代男』『好色五人女』など）、談理（道理を談じて教訓を与える。『本朝二十不孝』『武道伝来記』など）といったさまざまな試みを重ねたが、『日本永代蔵』や『世間胸算用』を書くころになると、「世の人心《ひとごころ》」といい、世間のありのままの人間の心に関心を示すようになり、それが晩年の西鶴の到達した境地である、とされる。そのような道をたどることによって、本当に深みのある、人生の本質に触れた小説ができあがったのである。

近松門左衛門（一六五三―一七二四年）の戯曲の場合、彼の言葉を伝えた『難波《なにわ》土産《みやげ》』という本の中で、「某《それがし》が憂いは、みな義理を専らとす」と言っている。悲しい物語は哀れをさそう文章で書けばよいと考えられがちであるが、そうではない。自分は、悲しい物語を義理を基本として書いている。この義理とは、人間として守らなければならない生き方の筋道という意味である。その筋道は単純なものでなく、いろいろな人間関係の中でそれが複雑に絡み合い、そのなかでさまざまな悲劇が起こってくることになる。外からの偶然の力によって不幸な運命に陥るというのではなく、その人自身が、こうしなければならないと考えていること自体が、いろいろな条件によって複雑な難しい問題を生み出してしまう。これはまさにヨーロッパの芸術における悲劇という概念に近い性格のドラマだと言ってよいであろう。

近松にせよ、西鶴にせよ「義理」という言葉は、人間としての誠実さ、誠実である以上は守らなければならないきまりを意味していた。したがって、他人が自分に対して信頼をもって対処してくれれば、自分もそれに対して、それ相当の応えかたをしなければならない。たとえば、近松の有名な『心中天網島《しんじゅうてんのあみじま》』という、大阪の網島で起こった心中を描いた浄瑠璃の中に、「女同士の義理」という言葉がでてくる。曾根崎の遊郭にいる小春と、紙屋の主人で二人の子供のある治兵衛という男とが親しくなる。そこで、治兵衛の妻であるおさんが「別れてほしい」と小春に手紙を出したため、小春が治兵衛に愛想尽かしをし、小春は別の金持ちに身請けされることになる。おさんは、「小春は愛する人と別れなければならないのだから、きっと自殺するに違いない」と考えて苦しむ。そういうときに「女同士の義理」という言葉がでてくる。約束を守ってくれた人に対しては、自分も誠実に対処しなければならないのが、この場合の義理である。このような義理は、人間的なモラルというのに近い観念である。元禄文化では種々の人が活動したが、一つの共通項がそういうところにあるのではないかと中村幸彦氏が指摘しておられる。たとえば、芭蕉は「風雅の誠《まこと》」といっているが、俳諧は、もともとは遊びであったのに、芭蕉にとっては人間の心の真実を表現する芸術であったから、「風雅の誠」をめざすというのである。また西鶴は、「世の人心」のありのままの姿の中に、人間の真実を見出そうとしたし、近松は「義理」と言っている。さらに、『万葉集』を研究した国学者契沖《けいちゅう》（一六四〇―一七〇一年）は「俗中の真」と言っている。これは、『万葉集』の講義に友達を招く手紙の中の言葉であるが、世間の用事、世事は「俗中の俗」であり、学問というのは「俗中の真」であるから、少しは世間的な約束を破ってでも来てほしい、というのである。「俗」と「真」とは、本来は仏教の用語であって、『万葉集』という芸術の世界は、仏教とは関係がないから「俗」なのであるが、そこにも仏教に通ずる人間の真実というものが描かれていて、自分はそれを明らかにしようとしているのだと言っているのである。

要するに新しい現実を当時の人々は「俗」という言葉で表し、新しい現実の中でのモラル、あるいは良心的な生き方を求めようとした。そういう人生に対する誠実な態度が、この時代の人々に共通し、それにより人間味のある、すぐれた文化が生れたところに、元禄文化の大きな特色があったと考えられるのである。

第十一章　儒学の日本的展開

朱子学の性格

仏教が日本に入ってきてから、長い期間を経て、次第に日本人の生活に即した宗教としての独特の展開を遂げたが、それと同様のことが、儒学の思想についてもいえる。近世の日本における儒学の出発点になったのは朱子学《しゅしがく》である。朱子学は、朱子（正しくは朱熹《しゅき》）という十二世紀の南宋の人が大成した学問で、そのもとになっているのは、北宋から南宋の時代（十世紀の後半以降）に発達した、宋学《そうがく》ともよばれる新しい儒学である。英語では、neo-confucianism、すなわち「新儒学」という。孔子により儒学が最初に成立してから千年以上も経過し、中国の人にとっても、古典を理解することが難しくなっていた。また、その間に仏教が入ってきたりしたため、中国人のものの考え方も次第に変ってきて、そこで新しい儒学の思想が興ってきたのである。

朱子学の性格として注目すべきことは、理性によって自己を統御する、つまり自分の心の働き、とくに感情とか意志の働きを、自分の理性の力で正しい方向に向けていくという主知主義と、個人の一人一人が道徳的に立派な人間にならなければならないという個人主義とである。さらにその上に、唐代までの貴族政治とは異なり、宋代になると、科挙《かきょ》とよばれる試験を通じて、一般の庶民でも優秀な人材は高級官僚となる道が開かれたことによる、社会的な平等主義の風潮が、その背景にあった。その平等主義に基づき、朱子学では、古典のなかでも平易な「四書」によって儒学の基礎を学び、その上で本格的な「五経」の学問に進んでいくのが、学問の順序であるとした。「五経」とは、儒学の古典である『易』『書』『詩』『春秋』『礼記《らいき》』をいい、「四書」とは、『大学』『中庸《ちゅうよう》』『論語』『孟子』を指す。このうち、『大学』と『中庸』は、もとは『礼記』の中の一篇であるが、道徳の理論を説いたものとしてすぐれている。『論語』は孔子の言葉などを集めたもので、『孟子』とともに理解しやすい。

朱子学の理論の基本は、『大学』と、その解釈に示されている。『大学』の最初には、「大学の道は、明徳を明らかにするにあり、民を新たにするにあり、至善に止《とど》まるにあり」とある。人の心に具わっている明らかな徳、つまり、人の徳性ないし道徳的な能力を、本当に明らかに働くようにする。次いで、民を新たにするというのは、人の上に立つ人が、道徳的に修養して立派な人物になれば、その影響が自《おの》ずから多くの人々に及んで、その人々の心を一新する。すなわち人々もまた道徳的に立派な人間になり、社会全体が正しい状態になる。そういう正しい状態を変えないようにするのが「至善に止まる」ことであり、これが『大学』に説かれている理想であり目標なのである。

この目標を達成するための方法が、次に述べられている。「古の明徳を天下に明らかにせんとする者は、まず、その国を治める。国を治めようとする者は、まず、その家を斉《ととの》える。家を斉えようとする者は、その身を治める」。いわゆる修身、斉家《せいか》、治国、平天下であるが、身を治めることができれば、家を斉えることは自ずからできる。家が斉えば、自ずから国は治まる。国が治まれば、天下全体も平和になるというように、個人の道徳的修養をすべての基本とみる。その修養の過程として、心を正しくする「正心」、意を誠にする「誠意」、知を致す「致知《ちち》」、物に格《いた》る「格物《かくぶつ》」が挙げられている。とくに「知を致すは、物に格るにあり」という点が根本である。「致知」の致すというのは、十分に発揮させる、という意味であるから、自分の心に具わっている知的な能力を十分に働かせるようにすることである。そのための「格物」とは、人の一つ一つの社会的な行動が「物」であり、「物」には、それぞれ正しい「物」のあり方、つまり、人間として正しい行動の仕方、すなわち「理」があり、それを体験を通じて知ることが、「物」に格るということなのである。これを「窮理」、つまり「物」の理を窮めることだと説明している。「理」というのは、個々の「物」の「理」であるとともに、「天理」、すなわち自然界・人間界の全体を支配している原理であり、同時に人間の心の本性でもある。したがって「物」の「理」を窮めていけば、「天理」が自分のものになり、それによって社会の中でどのように行動すればよいのかを、自分自身で自主的に判断することができるようになる。

しかし、理論としてはそうであっても、これを生活の上で実践していこうとすると、いろいろな矛盾にぶつかる。とくに朱子学の主知主義的・個人主義的な性格には、日本の精神風土と合致しない面があった。そのため日本では、朱子学に対する批判が十七世紀の中ごろから次第に起こってくることになる。だが、それでは、朱子学自体が有効性を否定されたことになるかというと、そうではないと思う。むしろ、朱子学は、江戸時代の日本社会に受け入れられる可能性を具えていたとみられる。前章に述べた中江藤樹の「時処位」論は、そのよい実例であろう。ただし藤樹は、朱子学の説く理想、すなわち自主的に判断して正しい行動をする人間になること、には共鳴したが、そこに到達するための修養の方法、つまり「格物」には関心を示さなかった。朱子学の「格物」とは、具体的には礼法を実践することなのである。その結果、晩年の藤樹は陽明学に傾いてゆくこととなる。

朱子学では、「人皆堯舜《ぎょうしゅん》たるべし」という。堯・舜は、中国の古代に最初に現れた聖人であるが、人は誰でも堯舜になれる、明徳を明らかにすることができれば、堯や舜と同じレベルの道徳的に完成された人間になれる、というのは平等主義の主張である。近世の日本社会は、武士・百姓・町人という身分に分かれていながら、その前の時代の自治組織の中で養われた平等の意識が生きつづけていた。したがって、人間の平等性に基づいて、個人の自主的な生き方を考えることが、朱子学の大きな特色であるとすれば、その朱子学が受け入れられる可能性はあったと考えられるのである。

そのほかに朱子学が日本で普及した理由として、当時の中国（明・清）において、朱子学が官学として尊重されていたことが挙げられる。官学とは、官吏として登用されるための試験（科挙）の標準となる学問であり、したがって、知識人は朱子学を学ぶこととなっていた。また、朝鮮国でも同じく官学であった。そのことはとくに教育の面で日本に影響を及ぼした。

十八世紀の後半になると、多くの藩で学校（藩校）を創設するようになり、幕府でも湯島聖堂に昌平坂《しょうへいざか》学問所を開く。その直前の一七九〇年（寛政二）に、幕府は、「異学の禁」令を出し、朱子学以外の学問を聖堂で教えてはならないと命じた。これは、学問や思想に対する弾圧であるといわれることが多いが、実際はそうではなく、学校を造るためには、まず教科内容を統一しなければならない。それに選ばれたのが朱子学であったのであり、実際にも朱子の注釈は明快で、初心者には理解しやすい。この時はじめて聖堂が幕府の学校になった。学校教育を通じても江戸時代の後半期には、朱子学が普及してゆく。

古学の成立

以上のように、朱子学が日本の社会に受け入れられていったことは、それなりに重要な意味を持つが、同時に、そのままの朱子学では、いろいろな弊害を生み出すということに気が付く学者も多く現れて、それを批判する新しい運動が起こった。それが古学《こがく》である。古学とは、山鹿素行《やまがそこう》の「聖学」、伊藤仁斎《じんさい》の「古義学」、荻生徂徠《おぎゅうそらい》の「古文辞学《こぶんじ》」の、三者の総称で、これらはそれぞれの立場で唱えられた学説であって、一つの系統をなしているものではない。共通しているのは、儒学の古典に関するあらゆる注釈を捨てて、古典の原文に帰り、原文そのものを精密に読むべきであると唱えたことである。しかし、紀元前五世紀から三世紀のころに作られた本を、注釈なしに読むということは、中国人にとっても非常に難しいことであった。実際に中国では、十八世紀以後、清朝考証学が発達し、朱子学の新注を捨てるという点では日本の古学と同様であったが、すぐに原文に行くのではなく、漢代(紀元前二世紀―紀元後二世紀ごろ)に作られた古注を研究することが、清朝の学者たちの学問の中心であった。中国人でさえもそうであるのに、日本人が儒学の古典を注釈を使わないで読むというのは、かなり無理なことで、素行、仁斎、徂徠らは、それなりの学問的成果をあげてはいるが、やはり古典の本来の意味からは少し離れた解釈になっているのではないかと思う。しかしその反面、日本人の実生活に即した儒学の思想となっているので、日本の思想史や文化史の上では、大きな意味がある。

まず山鹿素行(一六二二―八六年)は、兵学者としても有名であり、一時期、赤穂《あこう》の浅野家に仕えたこともある。兵学者としての立場から、自分の心の内面だけを見つめ、道徳的修養をするだけでは、武士として実際的な社会生活を送っていくのに役に立たないと考えるようになり、一六六二、六三年(寛文二、三)ごろに到達したのが「聖学《せいがく》」(古代の聖人の学問の意味)という思想である。朱子学の場合には道徳的な知性を意味した「知」という語を、素行は、知識、知ることと解釈し、現代語の知識とほとんど変らない意味で、事物を客観的に認識することであるとした。これは社会科学の出発点をなしたと言えるもので、要するに軍事とか武士の生活に関する知識を集め、それにより武士としての社会活動の方法を具体的に教えようとしたのである。その著『武家事紀』は、武士に関する百科全書というべき性格の本である。

偶然ではあるが、素行と同じころから、新しい思想に転換した伊藤仁斎(一六二七―一七〇五年)は、京都の町人の出身である。『童子問《どうじもん》』という本のなかで、「人外無道、道外無人」(人の外《ほか》に道無く、道の外に人無し)と、人間は、道を離れて生きることはできない、と言うとともに、また「俗外無道、道外無俗」(俗の外に道無く、道の外に俗無し)という。「俗」とは、現実の社会であり、道は人々の社会生活と別の所にあるわけではないと主張するのである。ところが、朱子学の場合には、人間一般をまず考え、つまり抽象的な個人というものを基本とするから、普遍主義になるという長所がある反面、独善的になる傾向が生じやすい。たとえば「公」という概念は、朱子学では重要なものと考えられていたが、しかし仁斎は、「公」はよくないと言う。それはなぜかというと、「公平」とか「公正」ということを、誰かが自分の心に基づいて判断し、それを社会一般に及ぼそうとすると、画一的な考え方を押しつける危険性がある。仁斎は、『論語』の中には「公」という文字はないと指摘し、よいことはよい、悪いことは悪いと、はっきり分けて、悪いことをした人を責めるような考え方を批難する。『童子問』の中では、「悪を隠して善を揚《あ》げ、人の美を成して、人の悪を成さず」という、寛容の精神こそが孔子の教えであったとし、「仁」すなわち愛の心と、「恕《じょ》」すなわち思いやりこそが、道徳の主眼である、と説いている。

荻生徂徠(一六六六―一七二八年)は武士の家系の出身であり、柳沢吉保《よしやす》に仕えるが、著書の一つに『答問書《とうもんしょ》』がある。庄内藩(山形県鶴岡市)の家老であった人から質問を受けて、それに対して答えた手紙を集めたものであり、分りやすい。そのなかで、「仁」とは、民の父母となることであるとし、次のように述べる。「まず父母とは、その家の旦那のこととお心得なさるべく候、賤《いや》しき民家の旦那を申し候はば、その家内には、火車なる姥《うば》(老母)もござ候、引ずりなる女房もござ候、うかといたしたる太郎子もござ候、いたづらなる三男もこれ有り候、ういういしき嫁もこれ有り候、また譜第の家来には、年より用にたたざる下部《しもべ》もござ候、幼少よりその家に育てられ恩にあまえ候て、申付をも聞ざる若き奴《やっこ》もこれ有り。さりとては、埒《らち》もなき家の内にて、理非にて正し候はんには、手もつけられぬあきはてたる事に候。されどもその家の眷族《けんぞく》に天より授かり候者どもにて、何方《いずかた》へも逐出《おいだ》し申すべきようなく候ゆへ、その家の旦那ならん者は、右のようなる者どもをすぐし申すべきためには、炎天に照らされ、雨雪をしのぎ、田を耕し草を刈り、苦しき業《わざ》を勤め、人に賤めらるるをも恥辱とも存ぜず、家内をば随分に目《め》永《なが》に見候て年月を送り候」。この農家の主人と同じように、人の上に立つ者は、下の者を一定の型にはめようとしてはならない、との趣旨である。

徂徠は、別に漢文で『弁名《べんめい》』という本を著し、その中で、人には互いに愛し助け合う心がある、すなわち社会的存在であるとするとともに、人には誰にでもそれぞれ才能があると述べた上で、中国古代の聖人(先王)は、「道」によって天下を治め、人々がその本性を活かすことができるようにした、といっている。「先王は、人みな相《あ》ひ愛し相ひ養ひ相ひ輔《たす》け相ひ成すの心、運用営為の才あるに因り、この道を立てて、天下後世をして由りて以《もっ》て之を行ひ、各々その性命を終へしむ」。徂徠は、その道とは「礼楽刑政《れいがくけいせい》」である、と言う。この場合の礼楽刑政とは、国家の政治制度全体を指すような意味であって、それが「道」であるというのは、その国家の制度の上に公共性の原理が実現されているということであろう。要するに国家の制度がうまくできていれば、その中で人々はそれぞれの能力や個性を発揮し、互いに親しみ合い助け合って生きてゆくものであり、そのためには朱子学のような理屈はいらないというのが、徂徠の考えである。

仁斎と徂徠とでは、思想の性格は異なっているが、画一的な考え方を嫌うという点では共通している。日本の社会は、どうも画一性という弊害を生みやすいのではないかと思われるが、仁斎や徂徠が生きた時代(十七世紀後半)には、そういう弊害が現れてきていた。それは、現代の日本にも通じる問題であるが、画一性を助長するものとして、二人はそれぞれの立場から朱子学を批判していたと考えられるのである。

第十二章　国学と洋学

国学の成立

江戸時代中期以降に発達した新しい学問として、国学と洋学とがある。

国学とは、日本の古典に関する学問であるが、日本人の生き方や日本の社会の在り方について考える、一種の精神運動としての性格をともなっている。日本の古典に関する学問は、中世を通じて公家社会を中心に伝承されてきたが、知識を秘伝として、公開を許さない傾向が強かった。これに対し江戸時代になると、秘伝を批判する風潮が高まり、また、北村季吟《きぎん》が源氏物語の注釈を集成した『湖月抄《こげつしょう》』を出版するなどしたので、古典が近づきやすいものとなった。やがて元禄時代には契沖《けいちゅう》が現れ、万葉集の注釈である『万葉代匠記《まんようだいしょうき》』など、厳密で独創的な優れた研究を残した。これらは今日の学界でも高い評価を受けている。

契沖以後の代表的な国学者として、荷田春満《かだのあずままろ》(一六六九—一七三六年)、賀茂真淵《かものまぶち》(一六九七—一七六九年)、本居宣長《もとおりのりなが》(一七三〇—一八〇一年)、平田篤胤《ひらたあつたね》(一七七六—一八四三年)の四人が国学の四大人とよばれる。これは平田派の学者の間で唱えられたものであるが、契沖が入っていない理由は、もともと国学には仏教を排斥する考え方があるのに対し、契沖は僧であったこと、また契沖には思想的な発言が乏しいこと、などにあるのであろう。しかし、たとえば宣長の学問に最も大きな影響を与えたのは、契沖であった。

荷田春満は、伏見の稲荷神社の神官の家の出で、国学のための学校設立について意見書を幕府に出すなど、社会的活動において知られているが、学問的には契沖には及ばない。

賀茂真淵は、浜松の神官の家の出身で、歌人でもある。学問的研究の中心は万葉集であり、その万葉集の歌に現れた古代の人々の「高く直き心」(高貴で純粋な心)を景慕し、自身も多くの優れた和歌を残している。『万葉考』など、文学や語学についての著書とともに、政治思想や道徳思想について述べた『国意考《こくいこう》』(国の意《こころ》について考える、という題名)がある。その中で真淵は、「凡《おそ》そ物は理《ことわ》りにきとかかる事は、いはば死したるが如し、天地《あめつち》とともにおこなはるゝ、おのずからの事こそ生きてはたらく物なれ」。理屈できっぱりと割り切れるのは、いわば死んだものである。つまり、理屈で割り切った議論は、本当の生命のある人間の世界の現実をとらえることができない、という。「すめら御国《みくに》の古《いにし》への道は、あめつちのまにまにまろく平《たい》らかにて、人のことばにいひつくしがたければ、後の人、知り得がたし」。日本の古代の人々は、自然のままに生きていたのであり、丸く平らかな自然の姿は、言葉では表現できないので、後の人にはうまく伝わらないのである。だから、日本の古代には「道」がなかったと儒学者は言うが、本当はそういうものがあったのに知られていないだけである。

さらに、儒教の批判を述べて、「儒は、人の心のさかしく成りゆけば、君をばあがむるやうにて、尊きに過さしめて、天が下は臣の心になりつ、それより後、終《つい》にかたじけなくもすべろぎを島にはふらしたることとなりぬ」。儒教を学ぶことによって、人々の心は賢くなり、天皇を尊敬すると言いながら、天下の政治は臣下の思うままになった。ついには、天皇を島流しにするようなことまでした、という。承久の乱（一二二一年）のあと、後鳥羽上皇らを隠岐などへ島流しにしたのは、武家の鎌倉幕府であったが、だからといって真淵が、武家政治を行っている江戸幕府に批判的であるかといえば、そうではなく、むしろ武士らしい「ますらおぶり」を愛していた。実際にも真淵は、田安宗武《たやすむねたけ》（徳川吉宗の次男で、三卿の一つ田安家の初代。国学者、歌人でもある）に仕え、学問や和歌の指導をしていた。現実の江戸幕府のあり方と、天皇中心の古代国家のあり方とは、矛盾するものではなく、むしろ古代の日本そのものの中に変化があったのである。飛鳥・奈良の時代から平安時代への移行について、「大和の国は丈夫《ますらお》国にして、いにしへはをみな（女）もますらをにならへり。故《かれ》万葉集の歌はおよそますらをの手ぶり也。山背《やましろ》の国はたをやめ国にして、丈夫もたをやめをならひぬ。かれ古今集の歌、もはら手弱女《たをやめ》のすがた也」(『にひまなび』)と、真淵は言い、江戸幕府については、「東照宮(家康)、異国によらず、中《なか》比《ごろ》の皇朝によらず、四方のかまへ、京大坂のかまへ、諸大名・御家人の定《さだめ》、其外《ほか》を定め給ふ事、神とも聖とも無窮の御心なり。是《これ》ぞ古《いにし》への神道の大体なるを、小事の違ひにのみ目をよせて、大意を知る人なし」(『学びのあげつろひ』)と、これを古代の精神を再現したものとして、評価すべきことを主張している。外国の影響によらず、平安時代以来の王朝の中国風の制度にも依存せず、独自に建設された近世国家(江戸幕府)の制度は、真淵の考えでは、まさに日本古来の伝統に合致していたのである。それは、画一的な合理主義を批判した仁斎・徂徠らの立場と共通しながら、それをさらに徹底させたものであったといえよう。

本居宣長の学問と思想

本居宣長は、伊勢の松坂《まつさか》の商人小津家の出で、京都に遊学し、松坂で小児科医を開業しながら、古事記など古典を研究して、大著『古事記伝』を著した。『古事記伝』は、今日でも、古事記研究者の出発点とされている。古典を実証的に研究する学問としての国学の方法は、契沖から宣長に至って、ほぼ完成されたとみることができる。

宣長は、平安時代の文学作品についても、多くの研究を残しており、その文学論の特色をなすのは「もののあはれ」の重視である。文学は、「もののあはれ」すなわち人が感じたことを表現したものであるとし、道徳などを基準として作品を評価してはならない、とする主張は、文学の自律性を明確にした点ですぐれている。しかしそれは、和歌や物語についての一般的な議論としては正しいが、『源氏物語』のような写実的な作品についてまで、「物のあはれ」の表現ということで説明しているのには無理がある。

宣長の学問の中心は、やはり『古事記』の研究であって、それに基づき「神の道」を唱えているところに、その思想の特色がある。神の道とは何かについて、『古事記伝』の総論の中の『直毘霊《なおびのみたま》』や、また『玉くしげ』などの著書で説明しているが、それを要約すると、まずイザナギ・イザナミの二神が「始めたまひ」、天照大御神がそれを継承して伝えた「道」である、という。すなわち日本の国土の生成とともに始まった「道」であるから、いわば日本の国の成立の原理であろう。それは具体的には、「天皇《オホキミ》の天ノ下しろしめす道」すなわち天皇の国家統治の原則であるが、それは必ずしも天皇が直接に政治を行うことを意味するものではない。時代によって政治制度には変遷があるが、その変遷もすべて「神のはからひ」である。したがって江戸時代の現実については、「さて今の御代《ミヨ》と申すは、まづ天照大御神の御はからひ、朝廷の御任《ミヨサシ》によりて、東照神御祖命《アヅマテルカムミオヤノミコト》(家康)より御つぎ〳〵、大将軍家の、天下の御政《ミマツリゴト》をば、敷行《シキ》はせ給ふ御世にして、その御政を、又、一国一郡と分《ワケ》て、御大名たち各《オノオノ》これを預《アヅ》かり行ひたまふ御事なれば、其《（その）》御領内〳〵の民《タミ》も、全く私《ワタクシ》の民にはあらず、国も私の国にはあらず」（『玉くしげ』）と、委任とか預かるという観念で政治的秩序を説明するとともに、その預けられた民のために「私心《わたくし》」なく政治を行うべきことを、大名やその家臣らに教えようとするのである。古代の理想的な時代には、人々は「天皇の大御心《オホミココロ》を心とし」て、「己《オノ》が私心」はなかったから、「ほどほどにあるべき限りのわざをして」、すなわちそれぞれの社会的役割を果たして、平穏に楽しく暮すことができた（『直毘霊』）ともいう。「大御心を心と」するというのは、天皇の意志に服従するという意味ではなく、天皇もまた、「神の御心を大御心と」して治めているのであって、天皇にも私心はなく、さらにその神も、判断のつかない時には卜占《うらない》によってその上の神の考えを聞くというように、「いささかも己《オノ》が私を用ひず」、すなわち私心をもたない（『古事記伝』巻四）。つまり神々から大名の家来まで、さらに人民も、すべて「私心」をもたないのが、神の道に合致することなのである。

　宣長が生きた十八世紀後半には、すでに近世の国家体制にもさまざまな矛盾が現れていた。右の『玉くしげ』は、いわば原理論であるが、それと一緒に、現実の社会問題について述べた論文があって、『秘本玉くしげ』などとよばれ、ともに紀州藩主（松坂は紀州徳川家の領地）に提出したものである。後者の中では百姓一揆に関して、「抑《そもそも》此事の起るを考ふるに、いづれも、下《しも》の非はなくして、皆上《かみ》の非なるより起れり。今の世、百姓町人の心も、あしく成たりとはいへども、能々堪《よくよくたえ》がたきに至らざれば、此事はおこる物にあらず」と、責任は為政者の側にあるとしている。そのような社会の弊害を、政治改革などによってではなく、政治を行う者の「私心」を戒め、精神の面から社会を正しくしようとしたのが、宣長の「神の道」の教えであった。

洋学の発展

洋学とは、西洋の学問のことであり、はじめはオランダから入ってきた蘭学が中心であったが、幕末には、イギリス、フランス、ドイツなどの国の言葉が知られ、その学問が学ばれるようになった。これを広く洋学とよんだのである。

元禄時代からさまざまな分野で自然科学的な学問が発達してくるが、とくに初期の蘭学と密接な関係にあるのは医学である。医学の分野では蘭学が入ってくる以前にも、漢方医学に疑問を持ち、実証性を重んずる立場から古医方《こいほう》という考え方が出てきていた（これに対し、普通の漢方医学を後世方《ごせいほう》〔李朱医学、中国の金・元代、李東垣と朱丹渓とが体系化したもの〕という。中国における漢方医学の主流は後世方であるのに対し、日本では古医方が主流となっていった)。ただし、古医方の根拠は、漢の時代に書かれた『傷寒論《しょうかんろん》』という古い本が主であり、医学としては冒険的といわざるをえない面がある。古医方では、「親験実試」を唱え、実験的手法を重んじたので、当然、人間の内臓がどうなっているか、という具体的なことに関心が持たれ、それを実行したのが山脇東洋《やまわきとうよう》である。彼は、宝暦四年(一七五四)に京都で死刑囚の解剖を見て、のちに『蔵志《ぞうし》』を著した。

その後、明和八年(一七七一)に江戸の小塚原で、杉田玄白・前野良沢らがやはり刑死体の腑《ふ》分《わけ》に立ち会い、オランダ語の『ターヘル＝アナトミア』という解剖書の図が、漢方による内臓の姿に比べ、はるかに正確なのに驚き、これを翻訳して三年後に『解体新書』を出版することとなるのである。このころになると、オランダ通詞により、江戸にもオランダ語の知識が伝えられるようになっていた。すでに十八世紀の初めに、徳川吉宗が産業振興のためにオランダ語の学習を奨励したこともあり、オランダ語の知識は広まりつつあった。しかし、翻訳ということは大事業で、大変な苦労があった。その事情は杉田玄白の『蘭学事始《ことはじめ》』に詳しい。それ以後、蘭学は、幕府でも各藩でも奨励されて、発展してゆくこととなる。

医学以外の分野でも、蘭学が導入される以前から、自然界に関する実証的研究がさまざまな形で発達していた。その一つが、本草学《ほんぞう》である。本草とは、漢方医学において必要とされる薬品の原料のことで、植物が主であるところから本草と言うが、動物や鉱物も含まれる。中国では古くから本草の研究が進み、とくに明代の李時珍の著『本草綱目』(一五九〇年)が、日本に大きな影響を与えた。近世の初期には、薬種の多くが長崎を通じて輸入されていたが、国内での自給をはかるために、植物などを調査したり、朝鮮人参の栽培を試みたりして、しだいに本草学が発達した。十八世紀になると、薬用ばかりではなく、各種の産業の発達にともない、資源としての動植物や鉱物にも関心が向けられるようになる。杉田玄白の友人であった平賀源内(一七二八―七九年)は、この時期の本草学者の一人で、オランダ語は読めなかったが、すぐれた才能を発揮して、石綿による耐火布を作ったり、エレキテル(摩擦起電器)を模造したりして、人々を驚かせた。このち本草学は、物産学とよばれて、蘭学の知識も取り入れながら発展し、明治以後における物産開発のための学問の基礎を形づくることとなる。

学問の民間への普及

国学も洋学も、江戸時代後半になると、教育の普及にともない、多くの人々によって学ばれるようになった。寺子屋の教育を基礎として、漢学(儒学)を中心に各種の塾が設立され、藩校とともに、学問を普及させたのは、この時代の特色である。蘭学の塾も各地に設立されたが、とくに有名なものとして、緒方洪庵《おがたこうあん》の適塾《てきじゅく》（正式には適々斎塾。適々斎は洪庵の号）が挙げられる。

適塾は、大阪の船場《せんば》にあり（現在でも大阪大学医学部の管理により、建物がほぼ原形のまま保存されている）、近くには華岡青洲《はなおかせいしゅう》の門人の塾があった。その蘭学の適塾と、古医方の華岡塾の関係については、蘭学が普及すると漢方医学が不必要になるという見方があること、また、適塾出身の福沢諭吉が、その著書『福翁自伝』の中で、「華岡塾で学んだ医者は、二千年の垢のついた『傷寒論』で、人を殺している」などと書いていることなどから、適塾と華岡塾とが対立関係にあったように考えられがちであるが、事実はそうではない。

たとえば、解剖の面では西洋医学は優れていたが、解剖学だけでは実際の治療はできない。その意味では、漢方医学も決して捨てられたわけでなく、華岡青洲は文化元年（一八〇四）に乳癌の手術のために麻酔の技術を開発したりして、当時としては画期的な業績を残している。田崎哲郎氏の研究によれば、適塾と華岡塾の両方の門人帳を調査したところ、福井藩の医者で幕末の志士となる橋本左内《さない》は、適塾で蘭学を学んだ後に華岡塾で漢方医学を学んでおり、その逆の事例もあるというように、一方から他方へ移って、両方の学問を修得している例がかなり多いのである。

　また、同氏によって、農家の二男・三男などが江戸や大阪に出て、塾に学び、医者となり、地方に帰って開業するという人が増えてきたという事実が明らかにされている。嘉永二年（一八四九）に、オランダから種痘（牛痘による種痘法）が伝わり、急速に日本に広がった。これは天然痘に対する人々の恐怖心が強かったためではあるが、それにしても教育の普及により、医者が各地に多く存在していたのでなければ、容易には実現しなかったことであろう。

第十三章　明治維新における公論尊重の理念

国家意識としての尊王攘夷

明治維新という政治変革を文化史の立場から見るとき、何よりも問題となるのは、その変革を実現させた政治上の理念である。明治維新に至る政治運動の指導理念としては、「尊王攘夷《そんのうじょうい》」がよく知られているが、それとならんで、公論衆議の尊重という理念があったことに注目したい。もちろん、尊王攘夷と公論衆議は、まったく別のものではない。尊王攘夷という考え方は、それが一般の人々の共通の意見、すなわち公論ないし世論となったために、あれほどの大きな影響力を持ち得たのである。

尊王攘夷という語が現れるのは、十九世紀になってからである。「尊王」とは、天皇を尊ぶということであり、伝統的な君主である天皇を中心として国家の統一性を強めてゆこうとする考え方の表現である。また、「攘夷」とは、外国からの侵略を防ぎ、国家の独立性を保ってゆくことである。「尊王攘夷」という言葉は古めかしい印象を与えるが、考え方としてはどこの国にもある国家意識の一つの表現であるといえる。このような国家意識は、時代をさかのぼると近世のはじめからすでに存在していた。たとえば、「中国」という呼称は、中華思想に基づき、周辺の国を一段低く見る意味であるから、日本人が明・清を指して「中国」とよぶのは適当ではなく、むしろ、日本人にとっては日本こそが「中国」であるとして対等の立場をとるべきだという考え方が、山崎闇斎、山鹿素行ら十七世紀の儒学者により主張された。それがさらに激しくなると、本居宣長のように、対等の立場ではなく、日本が中心で、中国の方が「西《せい》戎《じゅう》」、すなわち野蛮国であるとする考え方も現れてきた。

いわゆる鎖国も、そのような国家意識の一つの現れであったと見ることができる。鎖国は、一六三〇年代、三代将軍家光の寛永年間に完成されたものであるが、当時は鎖国をしたという意識が明確にあったわけではなく、「鎖国」という言葉もなかった。ただカトリックの布教を防ぐために、ポルトガル人の来航と、日本人の海外渡航を禁止しただけである。

元禄三年（一六九〇）にドイツ人の医師ケンペルが長崎に来て、二年間の滞在中に調査を行い、帰国後に『日本誌』を著した。その中で、日本は国を閉ざしているために、国内は平和であり、産業が発達していて、この政策は適切であると述べている。この部分を長崎のオランダ通詞であった志筑忠雄《しづきただお》が享和元年（一八〇一）に翻訳し、『鎖国論』という表題をつけた。これは鎖国の否定論ではなく賛美論である。このころから「鎖国」という言葉が使われるようになり、「鎖国」の観念もその前後から広まったと考えられる。政府である幕府が正式に鎖国の方針をとっているということを明示したのも、その少し前で、寛政の改革の時である。寛政三年(一七九二)にロシアの使節ラクスマンが根室を訪れ、開国を求めた。それに対して、老中首座の松平定信が与えた諭書《ゆしょ》の中で、根室では交渉ができないので長崎に来るようにと伝えるとともに、「かねて通信無き異国の船、日本へ来る時は、……海上にて打ち払ふ事、いにしへより国法にして……」と述べている。これ以前の幕府の法にそのような規定はなく、この時にそれが国法であると宣言したことによって、まさに国家の制度となったわけである。通信とは、外交の意味で、外交関係のある国とは、具体的には朝鮮と琉球の二国を指す。その他に通商の国、貿易を行う国として、オランダと中国(清)だけを認めて、それ以外の国に対しては、国を閉ざしているということが公式に認められた。このように「鎖国」の観念が明確化した十八世紀末から十九世紀初めのころは、西洋の新しい勢力が東アジアに進出し、ふたたび日本の独立がおびやかされていると意識されるようになった時期であった。

当時、北太平洋ではイギリスなどの捕鯨船が活動し、食料、燃料、水などを求めて日本の海岸に近寄ってくることがあった。また、北方ではロシア人がシベリアから蝦夷地に接近してきていた。そのような中で幕府は文政八年(一八二五)、「異国船打払い令」を下し、外国船が日本の海岸に近づいた場合には、理由のいかんを問わずに、打ち払わなければならないと命じた。しかし、幕府は、本当に外国船を打ち払うだけの武力が日本側にあるとは考えておらず、ただ、そのような厳しい態度を見せれば、通常の捕鯨船程度のものであれば近寄ってこないだろうとの、楽観的な見通しに基づいて出されたものであったらしい。実際にもこの後、中国(清)でアヘン戦争(一八四〇―四二年)が起こると、天保十三年(一八四二)、薪や水などは供給しても構わないとの法令を下し、打払い令を緩和してしまうことになる。

尊王攘夷思想の形成

国家意識を理論化したものとしての尊王攘夷思想が形づくられたのは、このような状況のもとにおいてであって、それを代表するのが、いわゆる水戸学である。水戸藩の学問は、初期に徳川光圀が『大日本史』の編纂を開始して以来つづいているが、初期の水戸藩の学問は、当時は一般的であった朱子学を基本としていた。ところが十九世紀に入るころから、水戸藩の学問が独特の主張を持つようになり、それが水戸学とよばれた。有名な著述の一つに、会沢正志斎《あいざわせいしさい》の『新論』(文政八＝一八二五年著)がある。『新論』は七篇からなり、その最初の「国体」篇では、国家のあり方についての一般的な理論を述べ、そのあとに世界情勢ならびにそれに対処する方法などを述べた諸篇が続く。その「国体篇」の最初に、次のように述べている。

「帝王の恃《たの》みて以て四海を保ち、久安長治、天下動揺せざるところのものは、万民を畏服《いふく》し、一世を把持《はじ》するの謂《いい》にあらずして、億兆、心を一にして、皆その上に親しみて離るるに忍びざるの実《じつ》こそ、誠に恃むべきなり」。「億兆」とは人民のことで、権力によって威圧するのではなく、人民が心を一つにして自発的に国家を下から支えてゆく状況にならなければ、平和で安定した社会は実現できない。このようにすることが正しい政治である、というのである。具体的にはまず、神を祀る天皇の儀礼によって精神的に国民を統合するとともに、その年に異国船打払い令が出されたのを機会に、国際的緊張の状況を認識させ、国民の間に国家を守ろうとする意識を高めようとするのが、本書の主眼である。この『新論』は、まず水戸藩主に提出し、水戸藩主から将軍にその意見を伝えようとしたものであるが、将軍への上呈は実現せず、その代りに写本などの形で民間に広まり、社会的に大きな影響を与えることとなった。

その後、水戸藩では弘道館《こうどうかん》という学校を設立するに際し、天保九年(一八三八、開館はその三年後)に、その設立の精神を示す『弘道館記』を作った。当時の藩主である徳川斉昭《なりあき》の名で発表されたが、実際には藤田東湖《とうこ》が書いたものである。「尊王攘夷」という熟語は、この『弘道館記』で用いられたのが最初であるらしく、中国の文献にもこの言葉は存在していない。その

『弘道館記』の中で「尊王攘夷」が、どのような文脈の中で使われているかというと、徳川家康の政治上の功績を褒めたたえる意味においてである。家康は、乱世を治めて平和な社会を実現し、天皇の朝廷を尊んで、夷狄《いてき》(キリシタン)を排除した、そのことを「尊王攘夷」と表現しているわけであるから、これはむしろ幕府のあるべき姿、あるいは将軍の使命を、表現したものと考えられる。

公論と江戸幕府

嘉永六年(一八五三)、米国使節ペリーが浦賀に来航し、大統領の国書を持参して、開国を要求した。この時の老中首座阿部正弘は、幕府の考えだけで態度を決定するのではなく、諸大名や幕府の旗本・御家人らに意見を求めた。これは前例のないことであったので、のちになって、このことが幕府の権力を弱める結果を招いた、とか、大名たちが幕府の政治に口出しをするきっかけを作った、というふうに批判された。

しかし、当時の記録などをみても、これがとくに変ったことであるとか、幕府が非常に珍しいことをしたというように書いたものはない。したがって当時は当然のことであるとして、大名をはじめ、多くの人々によって受け取られたようである。まさに国家の独立にかかわるような大きな問題については、広く意見を集めるのが自然なことと考えられたのであろう。このような問題でなくとも、物価騰貴であるとか、いろいろな問題について、武士や庶民が上書という形で意見を提出することは、以前から広く行われており、その中でも内容が優れたものは、写本などで広まっていた。

さて、ペリーの要求について、大名から提出された意見書は約六十通あったが、そのうち、開国をしたほうがよいとの意見、つまり開国論が二十二、無礼な要求に屈伏しての開国は好ましくないが、しかし戦争になるような事態は避けるべきであるとする避戦論が十八、鎖国体制を守らなければならないとの意見が十九となっていた。これによると開国論と避戦論とを合わせて四十となり、多くの大名が、戦争は避けたい、やむをえない場合には開国してもよい、との意見であったことが分る。このような意見を背景として、翌年(安政元＝一八五四年)、幕府は日米和親条約を結び、燃料や食料を船に供給することや、下田・箱館の二港を開くことなどを決定した。さらにすぐ後に、ロシア、イギリス、フランス、オランダなどの国々からも要求を受け、これらの国とも和親条約を結んだ。なお、この時には朝廷も幕府の方針に賛成しており、まったく問題は起こらなかったのである。阿部正弘が多くの人の意見を求めたのは、いわば公論を尊重したことであるが、これによって幕府の政策は世論の支持を得たことになり、幕府の権力を弱めたのではなく、むしろ逆に、中央政府としての幕府の立場を強化する結果になったといえる。

問題は次の段階に生じた。アメリカとの和親条約に基づいて、下田に総領事ハリスが着任すると、さらに通商条約を結ぶことを日本側に要求した。中国で一八五六年（日本では安政三年）に起こったアロー戦争（第二次アヘン戦争）の情報が伝えられたこともあって、幕府の内部では、通商条約の締結はやむをえないと考えられたが、今回は、幕府が自己の責任において決定することをせず、朝廷の許可を得ることとして、阿部正弘亡きあと老中首座となった堀田《ほった》正睦《まさよし》が、安政五年に、勅許を得るために京へ赴いたが、孝明《こうめい》天皇を中心とした朝廷は勅許を下さず、堀田正睦は空しく帰東した。その直後に、幕府では近江彦根藩主である井伊《いい》直弼《なおすけ》が大老となった。大老は普通は名誉職なのであるが、この時の井伊大老は政治の実権を掌握し、独断で同年に日米修好通商条約を締結した。

このことが結果として、幕府の立場を非常に悪いものとした。朝廷の勅許を得ないままで条約を締結したのは、尊王の精神に反しており、また幕府がアメリカの要求に安易に屈したのは、攘夷の精神に反している、とみられた。そのため本来は幕府を支える理念であったはずの尊王攘夷の世論によって、幕府が攻撃される立場に自らを置くことになったのである。

同じ安政五年に、孝明天皇は水戸藩に密勅を送り、今回の幕府の処置は納得がいかないので、諸大名はどのように考えているか、その「衆議」を聞きたいとの意向を伝えた。これまでは、朝廷から幕府、幕府から大名へという命令系統があったのに対し、この密勅は、幕府の立場をまったく無視した形になったのである。そこで井伊大老は、密勅の降下に携わった公家や水戸藩士をはじめ、反幕府的とみなした政治運動家たちに対し、厳しい処罰を行った(安政の大獄)。このため井伊大老に対する反感が高まり、ついに大老は万延元年(一八六〇)三月、桜田門外において、水戸藩を脱藩した浪士らの襲撃を受けて殺害された。その襲撃の趣意を述べた斬奸《ざんかん》状によれば、「……大老井伊掃部頭《かもんのかみ》所業を致二洞察一候に、将軍家御幼少の御砌《みぎり》に乗じ、自己の権威を振はん為、公論正議を忌《い》み憚《はばか》り候て、……奸曲《かんきょく》至らざる所なし、豈《あに》天下の巨賊にあらずや」とあり、公論正議を無視したことが主たる罪状とされている。

それ以後、幕府は自らの意思を貫きとおすような自信がなかったため、強硬な政策を取らず、朝廷や諸大名と融和する政策へ転換していくことになる。これがいわゆる公武合体政策であり、公論衆議を尊重することによって幕府の立場を建て直そうと意図したものであった。

公議政体論から議会政治へ

この後、さまざまな政治的な事件が起きるが、その間に公議政体の構想が各方面から唱えられるようになった。この考え方を幕府の側から提唱したのが、大久保忠寛《ただひろ》（一翁）で、文久二年（一八六二）ごろに「公議所」を構想している。公議所は、大公議会と小公議会からなり、大公議会は国会にあたるもの、小公議会は地方議会にあたるもので、それによって新しい国家制度を作ろうと考えたのである。そのほかにも、さまざまな形での公議政体論が現れている。これは一つには、ヨーロッパやアメリカの議会政治の知識が入ってきていたことによるが、外来の制度がこれほど早く日本で受け入れられたというのは、世界的にみると珍しい現象であろう。これはやはり、公論衆議を尊重するような政治の伝統があったからこそ、西洋の議会政治を比較的容易に理解することができたのであろうと考えざるをえない。

やがて、十五代将軍徳川慶喜《よしのぶ》のとき、慶応三年（一八六七）の大政奉還によって、江戸幕府の政治は終ることになるが、この大政奉還も、公議政体論の考え方から出ている。大政奉還のあと、日本の政治は一種の公議政体となり、徳川氏もその一員として政治上の発言権を保持できるものと、徳川慶喜は考えていたようである。しかし、そのように徳川氏の権力が残ったのでは、不徹底な改革しかできないから、好ましくないと考えた薩摩藩や長州藩の勢力は、策謀をめぐらせて、ついに討幕の軍を江戸に進めた。最終的に徳川氏の勢力は排除され、明治政府が成立することになる。

新政府もやはり、公論衆議の尊重という考え方は無視できず、むしろ公論衆議を尊重することによって、正当な新しい政府であることを一般の人々に知らせようとした。明治元年(一八六八)に京都で天皇が神に誓うという形で新政府の方針を天下に公示した『五箇条の誓文』の第一条に、「一、広ク会議ヲ興シ、万機公論ニ決スベシ」とあるのは、会議によってすべての政治の問題を公共の意見に基づいて解決してゆこうというのであるから、まさに議会政治の構想である。ただし、この原案の一つ(土佐藩士福岡孝弟《たかちか》の作成したもの)では、「広く会議を」が「列侯会議を」となっているので、ここで言う会議とは、大名の会議に過ぎず、一般の人民の意見を政治に反映させるものではなかったとして、この『五箇条の誓文』の第一条をあまり高く評価しない意見もある。しかし、列侯会議であっても、大名という身分は、たとえばヨーロッパなどの貴族とは異なり、大名はただ藩の代表者であるところに意味があるので、もし仮に列侯会議ができたとしても、それは大名という特定の身分の人々の意見を反映するだけではなく、大名を通して藩全体の意見を反映させることになると考えられるから、それほど異質な考え方ではない。さらに、「広く」と改められたことによって、構想自体も変化しているとみられる。

この『五箇条の誓文』の第一条は、この後、自由民権運動が発展し、さらに議会政治が実現していく過程で、その主張の根拠とされた。したがって、それに反する方針をとると、反撥を招く可能性がある。一例として、大久保利通が西南戦争の翌年に暗殺されるが、その暗殺者の書いた趣意書によると、大久保が「公議を杜絶《とぜつ》し」ているとし、大久保の独裁的な政治のあり方を批難している。

やがて、明治二十二年(一八八九)に大日本帝国憲法(明治憲法)が発布されることになるが、それに至る過程をみると、明治十五年に伊藤博文らが憲法制定のための調査でヨーロッパへ赴いて、主にドイツ、オーストリアを訪問し、ベルリン、ウイーンなどで学者たちの意見を聞き、また、ドイツ皇帝ヴィルヘルム一世に会って指導を受けている。それらの意見は、国会にあまり権限を持たせず、君主が強い権力を握っていなければならない、とするものであった。明治憲法は、ドイツ帝国の中心をなしたプロシアの憲法の模倣であると言われることが多いが、伊藤は、右のような意見には反対し、その後における憲法草案の審議に際しても、「既ニ憲法政治ト言ヘバ、君主権制限ノ意義ナルコト明ラカナリ」とする考え方を保持していた。その点からすれば、明治憲法は、決してドイツ憲法に全面的に従っていたわけではなかったのである。

憲法発布の翌年には、最初の国会が開かれたが、憲法や国会は西洋から入ってきた制度であるので、はたしてうまくゆくのであろうかという心配が当時の有識者の間にあった。これに対し福沢諭吉は、『国会の前途』（明治二十五年）を著して、「日本には地方自治の伝統があるから、これは大丈夫である」との趣旨を述べている。議会政治は一種の国家の自治だからである。そのように見ると、公論の理念は、明治維新から明治憲法の制定に至るまで、さまざまな形で重要な役割を果たしたといえよう。

第十四章　近代日本における西洋化と伝統文化

近代化と武士社会の伝統

明治維新以後、西洋文化の導入が本格化し、いわゆる文明開化が進んで、近代日本の基礎が形成された。すでに幕末のころから、西洋文化を取り入れることについて幕府や藩は熱心であって、学校を創ったり留学生を派遣したりしていた。幕府では蕃書調所《ばんしょしらべしょ》という洋学の学校を安政四年（一八五七）に開設し、これが後に開成所と改められ、さらに医学所と統合されて、明治十年（一八七七）に東京大学となる。また、薩摩藩では、一種の実験的工場といえる集成館が嘉永六年（一八五三）に創設された。ちょうど、ペリー来航の年である。当時の藩主は島津斉彬《なりあきら》で、製鉄用の反射炉を造るとともに、ガラスや陶磁器を製造した。一時、斉彬が亡くなったため中断するが、元治《げんじ》元年（一八六四）からは軍事工場となり、大砲・鉄砲の製造や、造船がそこで行われた。その他に有名なものとしては佐賀藩の反射炉が嘉永五年に完成しており、幕府でも、伊豆韮山《にらやま》に代官江川太郎左衛門に命じて反射炉を造らせた。このように軍事面を中心に西洋の科学技術がさまざまな方面に取り入れられたが、その際の西洋科学と、日本の在来技術との関係については、武田楠雄のすぐれた研究がある。さらに明治維新後、政府の奨励のもとで富国強兵を目指し、各種の技術がいちじるしく発展することになるのである。

東アジア諸国の中で、日本だけが西洋文化導入の面で非常にスピードが速かった。この原因について、近年は韓国や台湾などでも近代的な工業化に成功しているところから、儒教文化圏に近代化の共通点があるのではないかという議論がなされることがある。しかし、儒教を受け入れたといっても、中国や李朝の朝鮮国の場合と比べると、日本は大きく異なる。既述したように、日本には儒教が学問や思想として入ってきたため、道徳の面での影響はあったとしても、同姓不婚のような儒教の礼法、すなわち社会制度は受け入れなかった。その意味では、むしろ逆に、本格的には儒教文化圏に入っていなかったことが、当時の日本の近代化にとってはプラスの作用をしたと考えられる。

これに対し、日本には鎌倉時代から江戸時代まで続けられた武家政治がある。武家政治というと軍事政権のイメージがあるが、日本の場合はかなり独特の性格を持っていた。武士の身分そのものが、支配者や領主という観念から連想されるような、単なる特権階級ではなかった。軍事上・政治上の各種の国家的義務（「役」）を遂行するところに、武士の存在意義があるので、武家の社会制度もこれに基づき、能率的で簡素であることが必要とされた。儒教本来の考え方からすると、整然たる官僚組織がつくりだされることになるが、武家時代には実用性・能率性に主眼を置いた日本独特の政治組織が発達していた。武士個人の生き方としても、剣術はもとより、築城などに際しても、技術的な知識を持たなければならなかった。文学や哲学といった方面での教養がある文人であるよりも、むしろ実際的な技術者としての能力を持つことが、武士にとっては重要であった。西洋の近代的科学文明を受け入れる際に有効な働きをしたのは、このような武士社会のあり方ではないかと考えられる。儒教の立場では、孟子の言葉に「心を労する者は人を治め、力を労する者は人に治められる」とあるように、精神的な活動をする人が支配者となり、身体を使って労働をする人（技術者）は低い身分に置かれるのが、当然であるとする考え方が伝統的にあった。これに反し、武士は知識人というより技術者に近かったわけである。現代の日本でも、企業や官庁の中での工学部の出身者（エンジニア）の地位は、東アジアばかりではなく、ヨーロッパやアメリカと比較しても、高いと言われている。この背景には武家社会の伝統がどこかで生きているように思われる。

しかしもちろん、伝統的な考え方だけで西洋文明を受け入れることはできず、新しい近代的な考え方が入ってくることになる。明治初期の啓蒙思想とよばれるものがそれであって、福沢諭吉著の『西洋事情』『学問のすすめ』などがそれを代表する。『学問のすすめ』は十七編からなり、明治五年から九年までに次々に刊行されて広く読まれた。有名な「天は人の上に人を造らず、人の下に人を造らず」という平等主義の主張は、封建社会における差別観を打破した、斬新な考え方として注目されることが多いが、当時の人々はそれほどショッキングな主張としては受け取らなかったようである。江戸時代は身分により役割は異なっていたけれども、基本的には人間は平等と考えられていたので、それほど違和感はなかったのであろう。また、「一身独立して一国独立す」という福沢の言葉は、明治初年のベストセラーの一つである『西国立志編』(明治四年刊)と共通するものがある。これはイギリスのサムエル・スマイルスの著『セルフ　ヘルプ』(一八五九年刊)を中村敬宇《けいう》(正直《まさなお》)が翻訳したもので、西洋で志を立ててさまざまな困難を克服した人々の伝記や物語を集めたものという意味の表題である。「天ハ自ラ助クル者ヲ助クト云ヘル諺ハ、確然経験シタル格言ナリ、……自《みずから》助クルノ精神ハ、凡ソ人タルモノノ才智ノ由《よっ》テ生ズルトコロノ規原ナリ、推《おし》テコレヲ言ヘバ、自助クル人民多ケレバ、ソノ邦国必ズ元気充実シ、精神強盛ナルコトナリ」と、才能や素質はあっても、自分の力で生きていく精神がなければ、その才智は発揮できないとする。ヨーロッパの本来の個人主義の考え方からすると、自立の精神はもちろん必要なことであるが、それによって神意に合致するというように、キリスト教の立場につながるのではないかと思われるが、その考え方はみられない。むしろ日本の国を独立させ、発展させてゆくために役立つとの趣旨を、福沢諭吉も中村敬宇も語っている。ここに明治初年の、今後の日本の将来を担おうとした人々の考え方がよく示されているといえよう。

西洋的近代化と伝統との矛盾

このようにして日本の社会は近代化の道を歩んでいくことになるが、西洋化としての近代化は、同時に伝統に対する矛盾を生み、伝統をある面で変えたり壊していくという作用を持つことになる。それが現在の日本にまでさまざまな問題を残していると考えられるので、その幾つかの事例を挙げてみたい。

ヨーロッパやアメリカの社会は個人主義の社会であり、契約により個人と個人の関係が成立している。日本の伝統社会、つまり明治以前の社会では、契約や約束を守るという精神は存在していたが、形式的な意味での契約については割合に考え方が緩やかであった。たとえば、江戸時代にはしばしば「相対済し令《あいたいすまし》」が出され、その時期以前の借金に関する訴訟を受け付けなかった。これは借金を棒引きにしてしまうことを意味し、厳格に取り立てると苦しむ人が出るので、それを緩和するための政治的措置であったとみられる。また、高利も禁止されていた。

これに対し、明治時代の樋口一葉《いちよう》や尾崎紅葉の小説には、高利貸に苦しめられる人々が描かれている。

所有権の問題についても、江戸時代に土地に対する権利の観念はあったが、西欧風の所有権、すなわち絶対的な所有権というものは、日本の伝統的な観念としてはなかった。農民はそれぞれ自分の土地を持っていたが、それは農業をしていることに関連して土地を持っていたのであり、これを当時の言葉で所持といった。しかし、明治政府は、江戸幕府が幕末に締結した不平等条約を改正することを外交上の大きな課題としており、そのためには日本が文明国であることを外国に示さなければならなかった。とくに外国側では、法律制度が整備されていない国と対等の条約を結ぶ必要はないと考えていたため、日本は急いで近代法をつくることとなった。西欧風の法律制度が導入されると、所有権の観念も変化する。明治五年に全国の農民に対し、土地の所有権を示す文書として地券を交付した。地主と小作人がいた場合、地主に交付された。これにより土地に対する所有権が特定の個人のものになった。それまでは地主・小作関係があっても、地主の権利が絶対的であると考えられてはいなかったが、しだいに一方的な支配関係に変り、このの ち明治時代を通じて地主・小作制度が広まることになった。現代の土地問題も、さかのぼれば、所有権という観念がヨーロッパのように人々の心の中に定着していなかった日本の社会に、新しい観念が急に導入されたために、歪みが生じた結果ではないかと考えられる。

また、民法の法典編纂をめぐる問題がある。この作業は明治初年から始まり、二十二年には草案ができた。担当したのは司法省の法学校の人々で、フランス人の民法学者ボアソナードが指導していた。これに対し、東京大学を中心としたイギリス法の学者たちから激しい反対が起こり、民法典論争が始まった。これはイギリス法とフランス法との学派の対立というだけではなく、法の本質に触れる要因があった。フランスのナポレオン法典に代表されるヨーロッパ大陸諸国の法律は、論理的で体系的である反面、慣習や伝統を無視する傾向が強い。これに対しイギリス法は、大陸法に比べると慣習法を重視している点に特色がある。日本においても慣習法、すなわち伝統的な社会慣習を、民法の中に取り入れるべきであるというのが、イギリス法の側の主張であった。しかし、どちらを採用しても、すべてを日本の伝統と一致させることは困難であった。結局は、フランス法ほど徹底したものではないが、ヨーロッパ風の民法がつくられた。とくに問題になるのは戸主権である。戸主とは家の主人であるが、主人が絶対的な権力をもち、家族や奉公人を支配するという家父長制度が、ヨーロッパの伝統の中にはあった。日本の家制度の場合には、一家の主人は確かに家を代表していたが、同時に家というのは一種の共同組織であって、一方的な支配と服従の関係ではなく、主人の権力も絶対的に強いというものではなかった。一家の女主人としての妻の権限も大きかった。しかし、明治民法によって規定された戸主権は非常に強かった。家の財産、すなわち家族共有の財産という観念も、ヨーロッパ法の立場では認められないので、戸主個人の財産になった。また、家族の結婚その他についても戸主の許可を必要とする規定が作られた。そのことが、明治以後の家制度および家と個人の関係に、それまでにはなかった新しい問題を生み出す原因となったのである。

近代文学の歴史をみると、早くは二葉亭四迷の『浮雲』、森鷗外の『舞姫』や、その後の島崎藤村、夏目漱石らの作品の中で、近代的な自我の発展は、しばしば家と衝突している。家から逃れる、あるいは家と対抗しながら、個人の自我を伸ばす努力をする人々を描いている作品が多いのが、日本の近代文学の特色の一つである。これに対し、西洋の近代文学の場合には、家や家族は、個人の成長を助け保護する役割をしているようである。日本では伝統的な家そのものの性格よりも、むしろ明治以降の近代化された家制度がもつマイナスの側面が作用しているのであろう。

国家神道とその影響

宗教の面では、国家による神道の保護、すなわち国教化という政策が明治政府によってとられ、明治元年に政府は神仏分離令を発して、神と仏との区別を明確にさせた。それまでは、神社か寺か不明確なところが多く、形式的には神社であっても、実質上は社僧とよばれる僧侶が仏式の儀礼を行い、神職よりも高い地位を占めて一社の管理権を握っていた。石清水八幡宮などもそうであった。この政策により、僧侶を追放したり仏像を破壊するなどして、純粋の神社になったのである。このように仏教を排斥することを、「廃仏毀釈」といい、各地で行われた。春日神社から分離された興福寺も破壊され、わずかな建物しか残っていないのが現状である。このため、かなりの文化遺産が失われた。また、これにより神社の性格自体も変化した。たとえば京都の祇園社は、本来は牛頭天王《ごずてんのう》というインドの神様を祀って、疫病よけの御霊会として祇園祭を行ってきたのであったが、そこの地名が八坂《やさか》郷であるところから、祇園社という伝統的な名称を八坂神社と改めた。祀られている第一の神様も牛頭天王ではなくて、素戔嗚命《すさのおのみこと》とされている。『古事記』『日本書紀』の神話に登場する神々が実際に神社に祀られている例は少なかったのであるが、力強い神ということで、牛頭天王と置きかえたわけである。これは祇園社の場合だけではなく、各地の神社でも同様なことが行われている。

もともと『古事記』『日本書紀』は国家の成立の由来を物語っている歴史書であるから、祭神をその神々に変えるということは、国家の神を祀るものとして、神社自身の性格を変えていくことになる。さらには新しく、国家のために忠誠を尽くした人々を祀る神社として、南北朝時代の楠木正成を祀った湊川《みなとがわ》神社(神戸市)などが創設され、また天皇を祭神とする橿原《かしはら》神宮や平安神宮などもつくられた。多くの大きな神社は国家によって管理され、神官は政府から任命された。このような神社制度により、国家を支える宗教となった神信仰は、第二次世界大戦後に日本を占領したアメリカ軍によって、国家神道とよばれ、それが軍国主義の支えになったという理由で、制度としては廃止された。しかし、その影響は現在でも残っており、神社に対する伝統的な信仰の内容に変化した側面がある。室町時代の三社託宣等にみられたように、神様自身も人間的な性格を持っているというイメージがあったが、それが払拭され、厳粛で近寄りがたく、宗教的な内容に乏しい存在になったのである。そこで、国家に奪われた神信仰本来のものを求める心に基づいて、さまざまな新宗教、新興宗教が起こることになったと考えられる。

近代哲学と伝統思想

哲学や思想の方面については、ヨーロッパ、アメリカの哲学や思想を学ぶことが主流となったので、独創的なものは生れにくかったが、明治の終りに登場してくるのが西田幾多郎《きたろう》(一八七〇—一九四五年)である。西田の最初の著作『善の研究』(明治四十四年刊)の序文に「個人あって経験あるにあらず、経験あって個人あるのである」という有名な文章がある。これに関連して、鎌倉仏教の道元の思想が思い出される。道元の「現成公案《げんじょうこうあん》」の中にも次のような文章がある。「自己をはこびて万法を修証《しゅしょう》するを迷《まよい》とす、万法すすみて自己を修証するはさとりなり」。自己というものがまずあって、それが活動してさまざまな真理を知る、というふうに考えること自体が、迷いである、と言うのである。これと西田幾多郎の文章とは、表現こそ違っているが、考え方の上では同じことを述べているように思われる。西田自身も坐禅の体験があって、禅の思想にも通じていた人である。禅の考え方を、近代哲学としての西洋の哲学の概念によって表現しようとしたところに、西田哲学の基本的な特色があるといえるが、その禅の思想の中でも、とくに日本的な特色を発揮した道元の思想と一致する面のあることが注目される。

　また、西田哲学の重要な概念の一つに、「行為的直観」がある。これは、人が行為の中で真実を知るという意味であるが、これに類似した概念として、儒学の分野で、朱子学に対し中国で、明の時代に起こった陽明学の「知行合一《ちこうごういつ》」がある。これは、知ったことは必ず行わなければならないという、単純な意味ではなく、知ることは行うことであり、行うことは知ることである、との意味である。つまり、行わなければ、本当に知ったことにならない、知るということと行動することとは、同じだという考え方である。これも先にみた道元の「弁道話」のなかでの、「修・証」一致の思想、すなわち「修」（修行＝行為）と「証」（悟り＝知）とは、別のものではないとする考え方と似ている。

陽明学にはこのように日本思想との共通点があるので、日本では朱子学よりも、どちらかといえば好まれた。江戸時代に、教育上は朱子学が一般的であったが、個人としては陽明学に関心をもった人が多い。とくに幕末の政治運動の中で活動した人々、西郷隆盛、吉田松陰、横井小楠《しょうなん》らが、陽明学に関心をもっていたことが知られている。明治以後もそうであって、私たちの使用している「良心」という言葉も、陽明学の「良知」という観念に由来している。

西田とは別に、独特の思想体系をつくり上げた倫理学者の和辻哲郎（一八八九―一九六〇年）は、『人間の学としての倫理学』（昭和九年刊）という本を著した。これは和辻の思想の立場をよく表した表題である。倫理学は人間の道徳に関する学問であるが、人間とは個人ではなく、文字通りに人と人との間、すなわち親子・友人など各種の「間柄《あいだがら》」における存在である、と和辻は言う。この和辻の主張は、社会的な人間関係に即して道徳の問題を考えようとした、伊藤仁斎や荻生徂徠の思想と似ている。そして西田も和辻も、抽象的な意味での「個人」にとらわれた考え方から脱却している点では共通しているが、その中でも、社会的存在として活動している時の、内面的な心のあり方に焦点を置いたのが、西田の哲学であり、これに対しいわば客観的に、人々の社会的な行動の様式の方に関心を向けたとき、和辻の思想となった、といえよう。前者は、伝統的な日本の思想の上で、天台本覚論から鎌倉仏教への流れにつながり、また後者は、仁斎、徂徠から本居宣長らへの系譜につながる。この両方に共通しているのは、抽象的な意味での個人を基本とするよりも、社会の中で行動する具体的な個人を基本として、人生の諸問題を考えようとしている点である。

その背景として、日本社会の伝統的な構造としての共同体的な性格があると考えられる。家や村や町、さらには国家全体が、一種の共同体としての性格をもっているということである。たとえば、日本人から見ると中国人にしても西洋人にしても非常に自己主張が強い印象を受ける。これがいわゆる個人主義の社会の特徴であって、それを基準にすると、日本では個人主義が未発達である、などと批判されることになる。しかし日本の伝統社会でも、個人が軽視ないし無視されてきたわけではなく、日本では日本なりに、個人を尊重し、個人としての自己を活かそうとする考え方は、明確に存在していた。ただ、人間関係を大事にし、その中で与えられた役割を忠実に果たしてゆくことが、自己を活かすことになるという考え方に、日本的な個の意識の特色があり、それは共同体的な性格をもつ社会にふさわしい個人のあり方であるといえよう。伝統的な宗教や思想の上にそれが表現されていたとともに、それを近代化したものが、西田や和辻の思想であったのではないか、と考えられるのである。

歴史と現代

現代の日本について、あるいはその将来への展望について論じられるとき、しばしばその議論の前提として、とかく日本人は「お上《かみ》」に対して弱いとか、権威に従順であると言われ、そのような傾向が歴史を通じて生み出されてきたかのようにみなされていることが多いように思われる。しかし日本の社会やその生活文化について、ここまで通観してきた全体をふり返ってみると、むしろ逆に、権威に必ずしも従順ではなかったのが、日本人の歴史の特色をなしているのではないかと考えられる。古代国家を完成し、万葉の歌人に賛美された天武天皇は、一種の反逆者であった。平安京の貴族社会が、地方の人々への配慮を怠ると、武士が勃興して、国家の公権力を代行し、その武家政権の打倒をはかった天皇や上皇の行動は、「御謀叛」とよばれた。天皇の伝統的権威よりも、現実に公権力として機能している武家政権の方が、優位にあるとみなされたのである。もともと共同体的な性格をもつ国家において、公権力は一部の人々によって独占されるべき性質のものではなく、その独占に近い状況が生ずると、必ず反撥が生じ、社会組織が変動する。それが日本の歴史なのである。

この伝統を変化させたのは、明治維新以後における西洋文化の導入、すなわち西洋化であった。協同組織であった「家」が、法制上は家父長的な性格のものに変化し、天皇の君主としての性格も、西欧の皇帝に近いものとなった。明治憲法(大日本帝国憲法)の第三条、「天皇ハ神聖ニシテ侵スヘカラス」は、ともすれば記紀神話に由来する伝統思想の表現とみなされやすいが、実は当時のオーストリア−ハンガリー帝国の憲法の翻訳であって、伊藤博文が中心となって進めていた憲法制定の過程で、初めの日本側の草案にはなく、ドイツ人顧問ロェスラー(**H. Roesler**)の意見により加えられたものであるという。この憲法により、天皇の地位は西欧の専制君主に近づいたが、その憲法発布の翌年(一八九〇年)に公布された『教育勅語《ちょくご》』では、「徳」すなわち道徳を最高の価値として、天皇も国民とともにこれを守る、と述べていた。しかしやがて昭和十年(一九三五)の天皇機関説事件を画期として、天皇の権力、すなわち国家権力は絶対化されるに至り、そのもとで日中戦争(一九三七年)と太平洋戦争(一九四一年)が開始されて、やがて敗戦に至る。

この間に国民は、伝統的な共同体的国家意識に基づいて、命令のままに戦争に従事したが、その犠牲はあまりにも大きかった。この苛酷な体験の中で、人々は国家権力の恐ろしさを身にしみて感じたのである。他方で統制経済などにより権力は肥大化したが、戦争が終っても、その開戦と戦争指導の責任は明らかにされず、ただ強大な官僚機構だけが戦後に残された。

　現代の日本人が、もし「お上」に弱いとすれば、それはこの戦争の時代ならびにそれ以後の政治のあり方に由来するもので、歴史とは別の問題であろう。「唯《ただ》なべての人、おもてをならかにすれば、心もかくやとおもふにや、心のいつはりは人ごとにあるもの也、少しも人の上なる人、随《したが》ふ者はいかにもなるべしと思ふにや、しばらくやむべからずしてしたがふ也」とは、賀茂真淵の『国意考』の一節であるが、現代の政界や言論界の指導的な地位にある人々にも、読んでもらいたい文章である。日本の将来に新しい展望を開く可能性があるとすれば、右のような「西洋化」の弊害を正視し、西洋化以前の伝統に基づいて、新しい日本のあり方を構想するところから着手しなければならないのではないかと思われる。

参考文献

【第一章】

佐原　真『日本人の誕生』(「大系　日本の歴史」1) 小学館、一九八七年

安田喜憲「列島の自然環境」(岩波講座「日本通史」1) 一九九三年

埴原和郎編『日本人の起源』(朝日選書) 一九八四年

【第二章】

津田左右吉『日本古典の研究』上・下、岩波書店、一九四八・五〇年

水野正好『島国の原像』(「日本文明史」2) 角川書店、一九九〇年

水野正好編『墳墓』(週刊朝日百科「日本の歴史」43) 一九八七年

和田　萃『古墳の時代』(「大系　日本の歴史」2) 小学館、一九八八年

和辻哲郎『日本倫理思想史』上、岩波書店、一九五二年

吉田　孝『律令国家と古代の社会』岩波書店、一九八三年

溝口雄三『中国の公と私』研文出版、一九九五年

義江明子『日本古代の氏の構造』吉川弘文館、一九八六年

長山泰孝『古代国家と王権』吉川弘文館、一九九二年

高木市之助『古文芸の論』岩波書店、一九五二年

【第三章】
辻善之助『日本仏教史』上世篇、岩波書店、一九六〇年
井上光貞『日本古代の国家と仏教』岩波書店、一九七一年
末木文美士『日本仏教史』新潮社、一九九二年
宇井伯寿『仏教思想研究』岩波書店、一九四〇年
直木孝次郎『わたしの法隆寺』塙書房、一九七九年
井上　薫『行基』(「人物叢書」24)吉川弘文館、一九六九年
【第四章】
宮地直一『神道史』上、理想社、一九五八年
高取正男『神道の成立』(「平凡社選書」64)一九七九年
田中久夫『祖先祭祀の研究』弘文堂、一九七七年
鷲見等曜『前近代日本家族の研究』弘文堂、一九八三年
吉川真司「天皇家と藤原氏」(岩波講座「日本通史」5)一九九五年
阿部秋生『源氏物語の物語論』岩波書店、一九八五年
脇田晴子『日本中世女性史の研究』東京大学出版会、一九九二年
【第五章】
井上光貞『日本古代の国家と仏教』岩波書店、一九七一年
田村芳朗ほか編『天台本覚論』(「日本思想大系」9)岩波書店、一九七三年

【第六章】
柳田国男『家閑談』一九四六年（『定本柳田国男集』第十五巻、筑摩書房、所収）
辻善之助『日本仏教史』中世篇之一・二、岩波書店、一九四七・四九年
島地大等「日本古天台研究の必要を論ず」黒田俊雄編『思想史（前近代）』（「歴史科学大系」19）校倉書房、一九七九年
宇井伯寿『仏教汎論』下、岩波書店、一九四八年
大橋俊雄（校注）『法然 一遍』（「日本思想大系」10）岩波書店、一九七一年
星野元豊ほか（校注）『親鸞』（「日本思想大系」11）岩波書店、一九七一年
寺田 透ほか（校注）『道元』上・下（「日本思想大系」12・13）岩波書店、一九七〇・七二年
戸頃重基ほか（校注）『日蓮』（「日本思想大系」14）岩波書店、一九七〇年
川崎庸之編『源信』（「日本の名著」4）中央公論社、一九七二年
塚本善隆編『法然』（「日本の名著」5）中央公論社、一九七一年
石田瑞麿編『親鸞』（「日本の名著」6）中央公論社、一九六九年
玉城康四郎編『道元』（「日本の名著」7）中央公論社、一九七四年
紀野一義編『日蓮』（「日本の名著」8）中央公論社、一九七〇年

【第七章】
『図説 日本文化の歴史』（6／南北朝・室町）小学館、一九八〇年
尾藤正英「日本における歴史意識の発展」（岩波講座「日本歴史」22）一九六三年

植村清二『楠木正成』（中公文庫）一九八九年

【第八章】

尾藤正英『江戸時代とはなにか』岩波書店、一九九二年
竹田聴洲『民俗仏教と祖先信仰』東京大学出版会、一九七一年
同「近世社会と仏教」（岩波講座「日本歴史」9）一九七五年
最上孝敬編『葬送墓制研究集成』（第四巻／墓の習俗）名著出版、一九七九年
田中久夫『祖先祭祀の研究』弘文堂、一九七七年

【第九章】

勝俣鎮夫『戦国時代論』岩波書店、一九九六年
大江文城『本邦儒学史論攷』全国書房、一九四四年
尾藤正英「新井白石の歴史思想」（「日本思想大系」35）岩波書店、一九七五年
同「水戸学の特質」（「日本思想大系」53）岩波書店、一九七七年

【第十章】

尾藤正英『日本封建思想史研究』青木書店、一九六一年
尾藤正英編『元禄文化』（週刊朝日百科「日本の歴史」70）一九八七年
潁原退蔵『俳諧精神の探究』一九四四年（「潁原退蔵著作集」第一〇巻、中央公論社、一九八〇年）
中村幸彦『近世小説史の研究』一九六一年（「中村幸彦著述集」第五巻、中央公論社、一九八二年）

【第十一章】

島田虔次『朱子学と陽明学』（岩波新書）一九六七年
吉川幸次郎『仁斎・徂徠・宣長』岩波書店、一九七五年
清水茂（校注）『童子問』（岩波文庫）一九七〇年
尾藤正英編『荻生徂徠』（「日本の名著」16）中央公論社、一九四九年
【第十二章】
三枝康高『賀茂真淵』（「人物叢書」93）吉川弘文館、一九六二年
相良　亨『本居宣長』東京大学出版会、一九七八年
沼田次郎『洋学』（「日本歴史叢書」40）吉川弘文館、一九八九年
田崎哲郎『在村の蘭学』名著出版、一九八五年
【第十三章】
井野辺茂雄『新訂、維新前史の研究』中文館書店、一九三五年
尾佐竹猛『明治維新』一九四四年（再刊〔全二巻〕、宗高書房、一九七八年）
尾藤正英「尊王攘夷思想」（岩波講座「日本歴史」13）一九七七年
同　「明治維新と武士――「公論」の理念による維新史再構成の試み」（前掲『江戸時代とはなにか』所収）
鳥海　靖『日本近代史講義――明治立憲制の形成とその理念』東京大学出版会、一九八八年
【第十四章】
武田楠雄『維新と科学』（岩波新書）一九七二年

丹羽邦男『土地問題の起源』(「平凡社選書」130)一九八九年
西谷啓治編『西田幾多郎』(「現代日本思想大系」22)筑摩書房、一九六八年
唐木順三編『和辻哲郎』(「現代日本思想大系」28)筑摩書房、一九六三年
尾藤正英「日本史上における近代天皇制——天皇機関説の歴史的背景」(前掲『江戸時代とはなにか』所収)

あとがき

本書のもとになったのは、放送大学の「日本文化論」という科目(一九九三年度から九七年度まで、テレビで放送)と、その同名の教材(放送大学教育振興会刊)である。科目の正式の名称は「日本文化史」であったが、前年まで別の担当者による講義が放送されており、内容が異なるので、学生が両方を受講できるようにするため、私の方の科目名を変更したのであった。しかし実質上は文化史の通史であるべき科目であるから、一人でこれを担当することには、かなりの勇気を必要としたが、当時の放送大学教授青木和夫氏のお奨めもあって、冒険とは思いながら、お引き受けしたのである。もとより準備は不十分であったから、録画についても、テキストの作製についても、関係の方々にご迷惑をおかけすることが多かった。青木氏とその方々のご厚意に改めて感謝したい。

右の放送大学の依頼を受諾した理由の一つには、その五年前に創立された川村学園女子大学の史学科で、私が日本史概説を担当していたということがあった。その講義の準備のために、私なりに日本史の全体にわたる展望を開こうと試みていたからである。今から思えば未熟な講義であったが、真面目に聞いてくれた当時の学生諸君に感謝する。

今回の出版に際し、かなりの補訂を加えたが、なお不十分な点や誤りも多いであろう。ご専門の方々のご高教にあずかることができれば幸いである。

なお、本書の九頁に掲載した図版については、これとほぼ同一のものが、西尾幹二氏の著『国民の歴史』(平成十一年、産経新聞ニュースサービス)の六四頁に掲載されているので、その点について一言したい。この図版は、佐原真氏の作製にかかり、私は佐原氏のご承諾を得て、前記の放送大学教材に収録したのであるが、西尾氏の本には、佐原氏の名も、またどこから転載したかについても、全く記されていない。なお、同書の「時代区分について」と題した章の結論として、「日本史にふさわしいのは二区分法」と述べられている部分(五〇—五三頁)の論旨は、私の論文「日本史の時代区分」(『江戸時代とはなにか』所収、平成四年、岩波書店)で述べたことの要約であるが、その点にも何の言及もない。このようなことを取り立てて書くのは、私の好む所ではないが、本書の中にも時代区分を論じた箇所があり、前記の図版とともに、私が西尾氏の本から盗用したと疑われては困るので、事情を説明しておくまでである。それにしても小説などに歴史学者の研究が無断で利用されて、問題となったことは従来もあったが、一応は歴史書の形をとりながら、他人の創意や著作権を無視するというのは、常識では考えられないことである。

今回の出版に当っては、吉田孝氏から多くのご教示にあずかった。岩波書店編集部の山本しおみさんからも、細密にご注意を頂くとともに、私の原稿が遅滞して、ご迷惑をおかけした。併せてお礼を申し上げる。

尾藤正英

'01.10.14

尾藤正英

1923年 大阪市に生まれる
1949年 東京大学文学部国史学科卒業
専攻 ― 日本近世史・近世思想史
現在 ― 東京大学名誉教授
著書 ―『日本封建思想史研究』(青木書店)
『元禄時代』(小学館)
『江戸時代とはなにか』(岩波書店) ほか

日本文化の歴史　　岩波新書(新赤版)668

2000年5月19日　第1刷発行
2000年7月5日　第2刷発行

著　者　尾藤正英《びとうまさひで》

発行者　大塚信一

発行所　株式会社 岩波書店
〒101-8002 東京都千代田区一ツ橋 2-5-5

電　話　案内 03-5210-4000　営業部 03-5210-4111
新書編集部 03-5210-4054
http://www.iwanami.co.jp/

印刷製本・法令印刷　カバー・半七印刷

ISBN 4-00-430668-X　　Printed in Japan

岩波新書創刊五十年、新版の発足に際して

岩波新書は、一九三八年一一月に創刊された。その前年、日本軍部は日中戦争の全面化を強行し、国際社会の指弾を招いた。しかし、アジアに覇を求めた日本は、言論思想の統制をきびしくし、世界大戦への道を歩み始めていた。出版を通して学術と社会に貢献・尽力することを終始希いつづけた岩波書店創業者は、この時流に抗して、岩波新書を創刊した。

創刊の辞は、道義の精神に則らない日本の行動を深憂し、権勢に媚び偏狭に傾く風潮と他を排撃する驕慢な思想を戒め、批判的精神と良心的行動に拠る文化日本の躍進を求めての出発であると謳っている。このような創刊の意は、戦時下においても時勢に迎合しない豊かな文化的教養の書を刊行し続けることによって、多数の読者に迎えられた。戦争は惨澹たる内外の犠牲を伴って終わり、戦時下に一時休刊の止むなきにいたった岩波新書も、一九四九年、装を赤版から青版に転じて、刊行を開始した。新しい社会を形成する気運の中で、自立的精神の糧を提供することを願っての再出発であった。赤版は一〇一点、青版は一千点の刊行を数えた。

一九七七年、岩波新書は、青版から黄版へ再び装を改めた。右の成果の上に、より一層の課題をこの叢書に課し、閉塞を排し、時代の精神を拓こうとする人々の要請に応えたいとする新たな意欲によるものであった。即ち、時代の様相は戦争直後とは全く一変し、国際的にも国内的にも大きな発展を遂げながらも、同時に混迷の度を深めて転換の時代を迎えたことを伝え、科学技術の発展と価値観の多元化は文明の意味が根本的に問い直される状況にあることを示していた。

その根源的な問は、今日に及んで、いっそう深刻である。圧倒的な人々の希いと真摯な努力にもかかわらず、地球社会は核時代の恐怖から解放されず、各地に戦火は止まず、飢えと貧窮は放置され、差別は克服されず人権侵害はつづけられている。科学技術の発展は新しい大きな可能性を生み、一方では、人間の良心の動揺につながろうとする側面を持っている。溢れる情報によって、かえって人々の現実認識は混乱に陥り、ユートピアを喪いはじめている。わが国にあっては、いまなおアジア民衆の信を得ないばかりか、近年にいたって再び独善偏狭に傾く惧れのあることを否定できない。

豊かにして勁い人間性に基づく文化の創出こそは、岩波新書が、その歩んできた同時代の現実にあって一貫して希い、目標としてきたところである。今日、その希いは最も切実である。岩波新書が創刊五十年・刊行点数一千五百点という画期を迎えて、三たび装を改めたのは、この切実な希いと、新世紀につながる時代に対応したいとするわれわれの自覚とによるものである。未来をになう若い世代の人々、現代社会に生きる男性・女性の読者、また創刊五十年の歴史を共に歩んできた経験豊かな年齢層の人々に、この叢書が一層の広がりをもって迎えられることを願って、初心に復し、飛躍を求めたいと思う。読者の皆様の御支持をねがってやまない。

（一九八八年　一月）